AF288188

Impressum
Verlag: BABADADA GmbH, Nedderfeld 112 , 22529 Hamburg
Geschäftsführer / Verlagsleitung: Harald Hof
Druck: Books on Demand GmbH, In de Tarpen 42, 22848 Norderstedt

Imprint
Publisher: BABADADA GmbH, Nedderfeld 112 , 22529 Hamburg, Germany
Managing Director / Publishing direction: Harald Hof
Print: Books on Demand GmbH, In de Tarpen 42, 22848 Norderstedt

xikolo
l'école

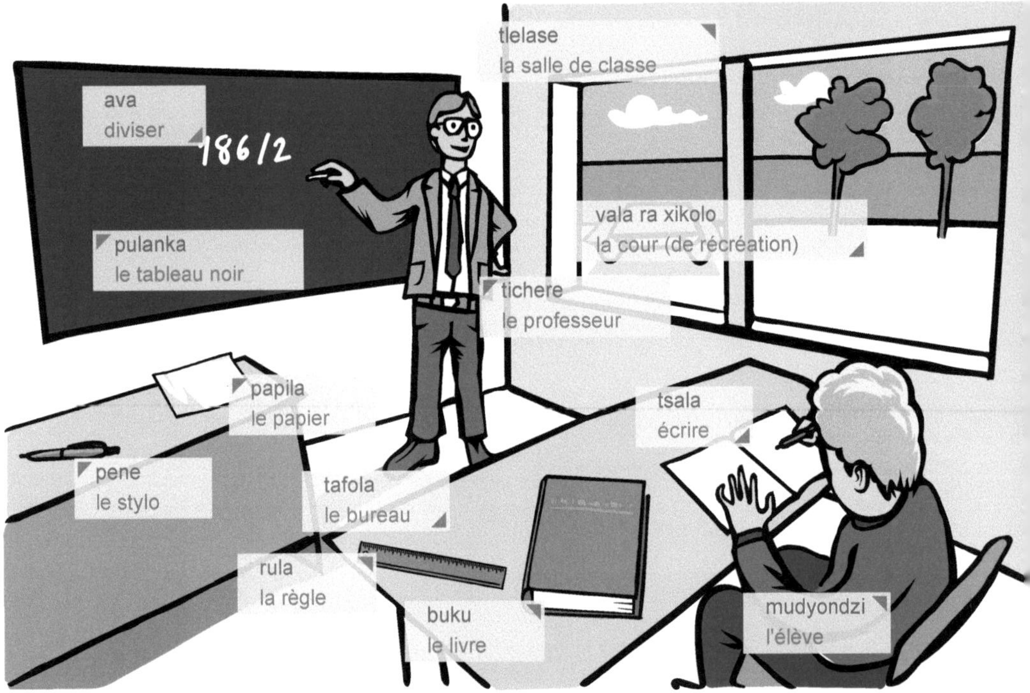
tlelase
la salle de classe
ava
diviser
186/2
pulanka
le tableau noir
vala ra xikolo
la cour (de récréation)
tichere
le professeur
papila
le papier
tsala
écrire
pene
le stylo
tafola
le bureau
rula
la règle
buku
le livre
mudyondzi
l'élève

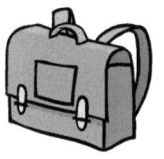

xinkwamana
....
le cartable

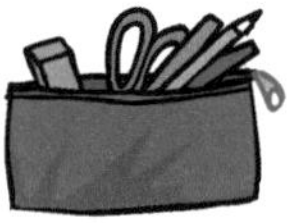

bokisi ra tipensele
....
la trousse

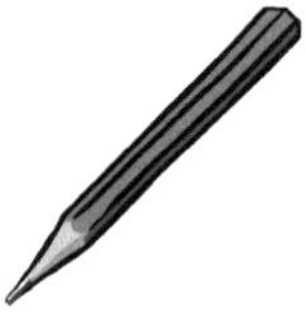

pensele
....
le crayon

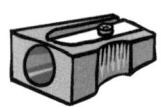

muchini wo vatla tipensele
....
le taille-crayon

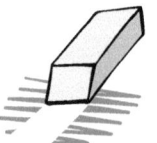

rhaba
....
la gomme

papilo ro dirowa
....
le carnet à dessin

xifaniso lexi diroweke

le dessin

burachi ro penda

le pinceau

bokisi ro penda

la boîte de peinture

xikero

les ciseaux

xidamarheti

la colle

buku ya xikolo

le cahier d'exercices

ntirho wa le kaya

les devoirs

nombhoro

le chiffre

engeta

additionner

susa

soustraire

andzisa

multiplier

hlaya

calculer

letere

la lettre

maletere

l'alphabet

rito

le mot

rungula

le texte

hlaya

lire

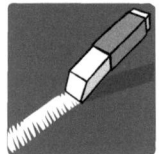

choko

la craie

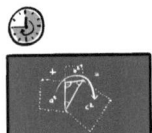

dyondzo

la leçon

tsarisa

le livre de classe

xikambelo

l'examen

xitifiketi

le certificat

swiambalo swa xikolo

l'uniforme scolaire

dyondzo

la formation

nsonga-vutivi

le lexique

univhesiti

l'université

makhiriskopu

le microscope

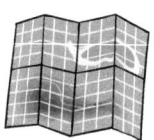

mepe

la carte

xikotela xo lahla maphepha

la corbeille à papier

kufamba
le voyage

hotele
l'hôtel
Grand
hositele
l'auberge
ROOMS
ndhawu yo cinca mali
le bureau de change
CHANGE
putumendhe
la valise
movha
la voiture

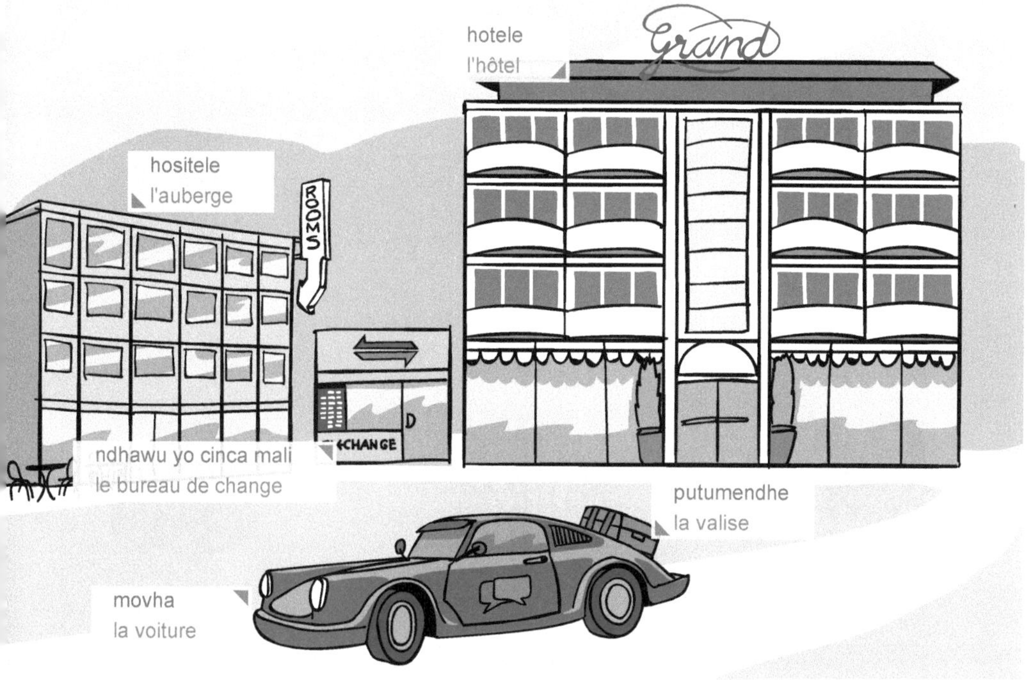

ririmi

la langue

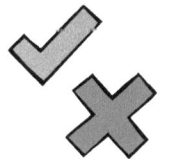

ina / e-e

oui / non

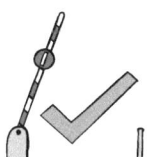

Swikahle

d'accord

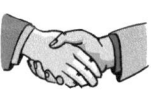

ahe

Salut

muhundzuluxeri

l'interprète

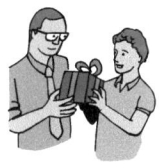

Ndza khensa

merci

ivungani…?

Combien coûte…?

Andzi twisisi

Je ne comprends pas

nkinga

le problème

Riperile!

Bonsoir !

Maxelo ya kahle!

Bonjour !

Vusiku bya kahle!

Bonne nuit !

sala kahle

Au revoir

nkongomiso

la direction

mindzhwalo

les bagages

nkwama

le sac

nkwama

le sac-à-dos

muendzi

l'hôte

kamara

la pièce

nkwama wo etlela

le sac de couchage

tende

la tente

vuxokoxoko bya vaendzi

l'office de tourisme

ribuwa

la plage

khadi ra xikweleti

la carte de crédit

xifihlulo

le petit-déjeuner

swakudya swa ninhlekani

le déjeuner

swakudya swa nimadyambu

le dîner

thikithi

le billet

kheshe

l'ascenseur

xitempe

le timbre

ndzilakana

la frontière

mikhuva

la douane

hovisi ya vuyimeri ya tiko

l'ambassade

visa

le visa

pasi ro endza

le passeport

swilo swo famba

le transport

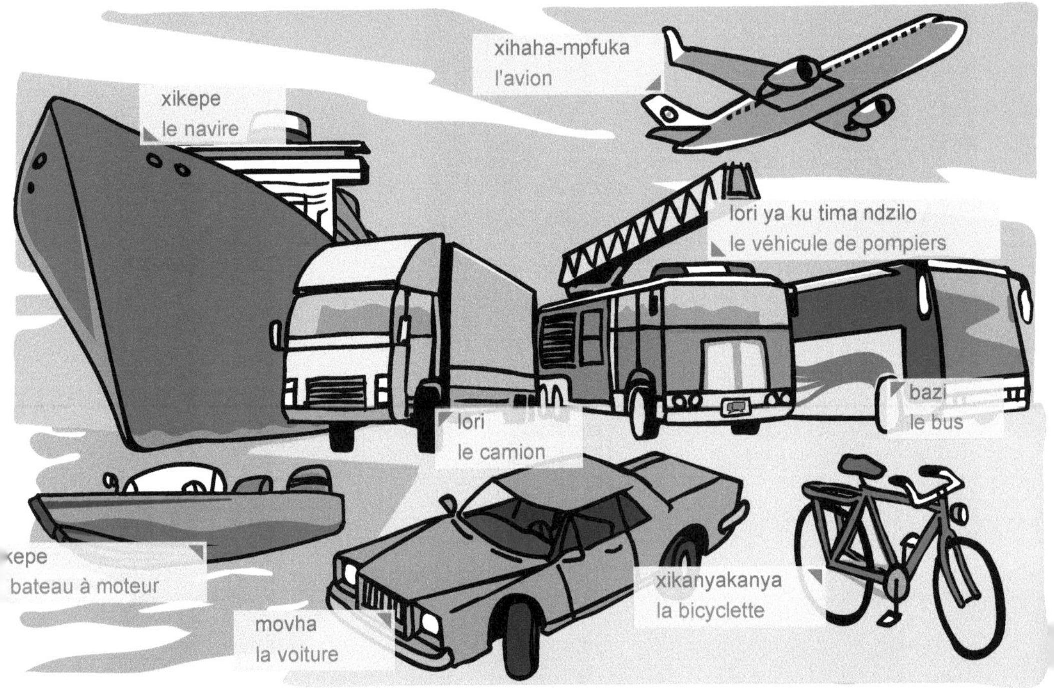
xihaha-mpfuka
l'avion
xikepe
le navire
lori ya ku tima ndzilo
le véhicule de pompiers
bazi
le bus
lori
le camion
epe
bateau à moteur
xikanyakanya
la bicyclette
movha
la voiture

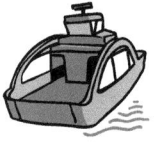

xikepe

le ferry

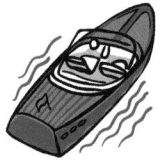

xikepe

la barque

xithuthuthu

la moto

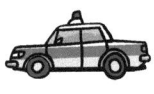

movha wa maphorisa

la voiture de police

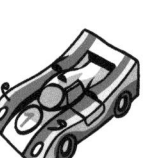

movha wa mphikizano

la voiture de course

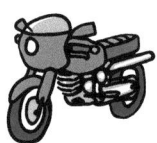

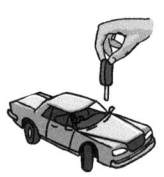

movha yo lombiwa

la voiture de location

ku avelana hi movha

l'auto-partage

lori yo koka timovha

la voiture de remorquage

lori yo rhwala chaka

la benne à ordures

njhini

le moteur

mafurha

l'essence

ndhawu yo xavisa petirolo

la station d'essence

mpfungo wa le patwini

le panneau indicateur

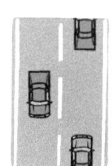

mafambelo ya mimovha

le trafic

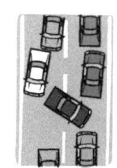

ntlimbano wa timovha

l'embouteillage

phaki ya timovha

le parking

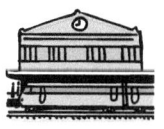

xitichi xa xitimela

la gare

mintila

les rails

xitimela

le train

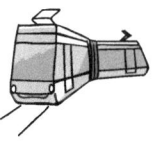

banzi leri fambaka
exiporweni

le tramway

kalichi

le wagon

xihaha-mpfuka-phatsa

l'hélicoptère

rivala ra siwhaha-mpfuka

l'aéroport

xihondzo

la tour

mukhandziyi

le passager

bokisi

le conteneur

bokisi

le carton

kalichi

le chariot

xirhundzi

la corbeille

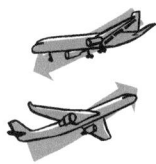

suka / tshama

décoller / atterrir

doroba
la ville

muti

le village

nkava wa doroba

le centre-ville

yindlu

la maison

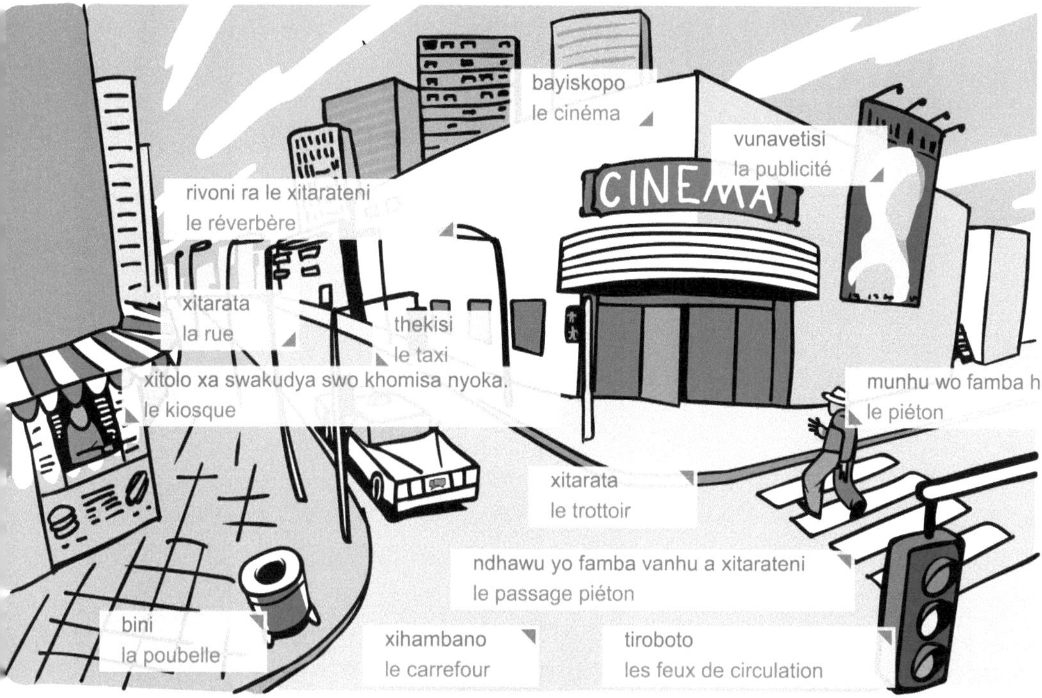
bayiskopo
le cinéma
vunavetisi
la publicité
CINEMA
rivoni ra le xitarateni
le réverbère
xitarata
la rue
thekisi
le taxi
xitolo xa swakudya swo khomisa nyoka.
le kiosque
munhu wo famba hi
le piéton
xitarata
le trottoir
ndhawu yo famba vanhu a xitarateni
le passage piéton
bini
la poubelle
xihambano
le carrefour
tiroboto
les feux de circulation

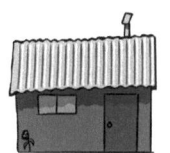

xiyindlwana xa byanyi

la cabane

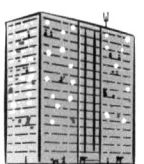

yindlu

l'appartement

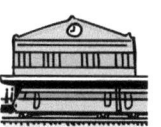

xitichi xa xitimela

la gare

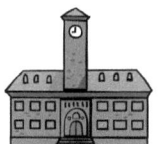

holo ya vanhu

la mairie

MUSEUM

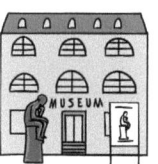

muziyamu

le musée

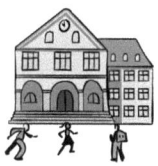

xikolo

l'école

univhesiti

l'université

bangi

la banque

xibedlhele

l'hôpital

hotele

l'hôtel

xitolo xa miri

la pharmacie

hofisi

le bureau

xitolo xa tibuku

la librairie

xitolo

le magasin

xitolo xa swiluva

le fleuriste

xitolo le xikulu swinene

le supermarché

makete

le marché

xitolo le xikulu

le grand magasin

xitolo xa tinhlampfi.

la poissonnerie

ndhawu ya switolo

le centre commercial

hlaluko

le port

phaka

le parc

bence

la banque

buloho

le pont

switepisi

les escaliers

ehansi ka misava

le métro

muhocho

le tunnel

xitichi xa tibanzi

l'arrêt de bus

barha

le bar

rhesiturente

le restaurant

bokisi ra poso

la boîte à lettres

mfungho wa xitarata

le panneau indicateur

muchini wa mali ya ku phaka

le parcmètre

ntanga wa swiharhi

le zoo

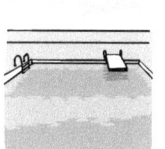

damu ro xambela

le réverbère

mosque

la mosquée

purasi	nthyakiso	masirha
la ferme	la pollution	la cimetière

kereke	rivala ra mintlangu	tempele
l'église	l'aire de jeux	le temple

ndhawu

le paysage

tluka
la feuille

mfungho wa gondzo
le panneau indicateur

ndlela
le chemin

byanyi byo tala
le pré

ribye
la pierre

munhu wo khandziya tintshava
le randonneur

murhi
l'arbre

nambu
la rivière

byanyi
l'herbe

xiluva
la fleur

nkova

la vallée

xitsunga

la montagne

tiva

le lac

khwati

la forêt

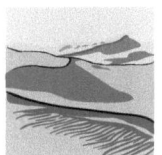

mananga

le désert

volkheno

le volcan

ntsinda

le château

nkwangulatilo

l'arc-en-ciel

swikowa

le champignon

murhi wa nchindzu

le palmier

nsuna

le moustique

haha

la mouche

vusokoti

les fourmis

nyoxi

l'abeille

puma

l'araignée

xifufunhunu

le coléoptère

chele

la grenouille

maxindyana

l'écureuil

nhloni

le hérisson

mfundla

le lièvre

xikhova

la chouette

xinyenyane

l'oiseau

sekwa

le cygne

ngluve ya nhova

le sanglier

mhunti

le cerf

mhofu

l'élan

damu

le barrage

xipelupelu xa moya

l'éolienne

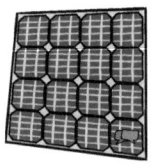

bodo leyi tswongaka kuhisa
ka dyambu

le panneau solaire

maxelo

le climat

rhesiturente
le restaurant

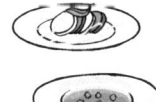

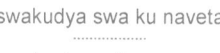

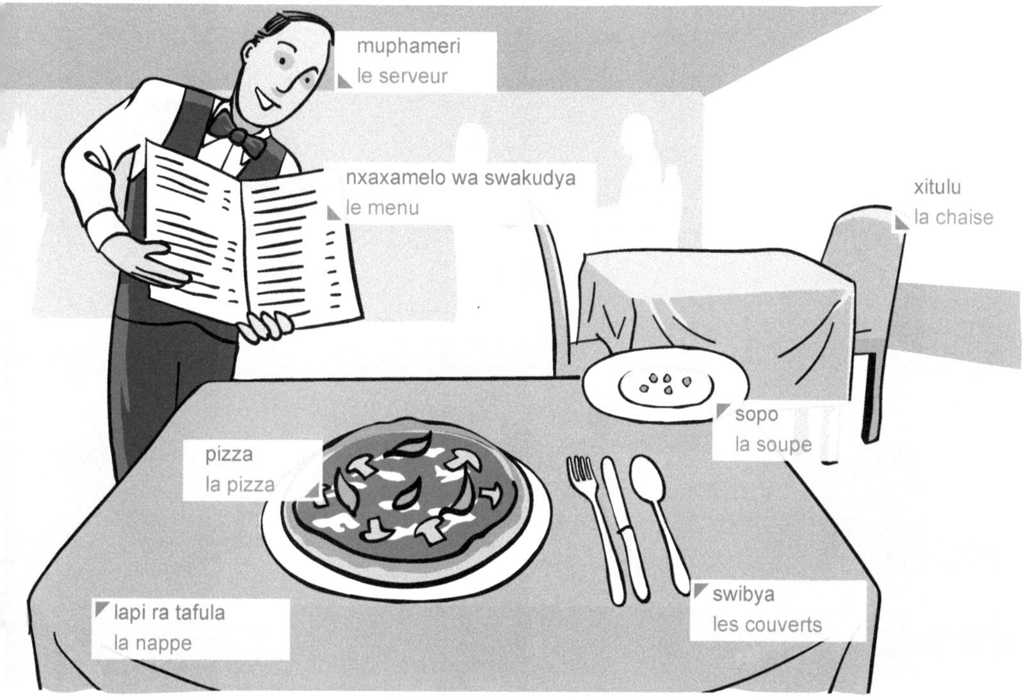
muphameri
le serveur
nxaxamelo wa swakudya
le menu
xitulu
la chaise
sopo
la soupe
pizza
la pizza
swibya
les couverts
lapi ra tafula
la nappe

swakudya swa ku naveta

les hors d'œuvre

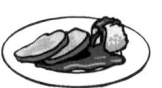

swakudya

le plat principal

swo rhelerisa

le dessert

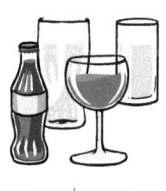

swakunwa

les boissons

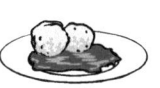

swakudya

l'alimentation

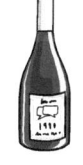

bodlhela

la bouteille

swakudya swa xihatla
le fast-food

swakudya swa le ndleleni
les plats à emporter

mbita ya tiya
la théière

xibye xa chukela
le sucrier

xiphemu
la portion

muchini wa espresso
la machine à expresso

xitulu xa le henhla
la chaise haute

swikweleti
la facture

thireyi
le plateau

mukwana
le couteau

foroko
la fourchette

lepula
la cuillère

xilepulana
la cuillère à thé

phepha ro sula nomu
la serviette

nghilazi
le verre

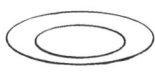

pleti

l'assiette

pleti ya sopo

l'assiette à soupe

sosara

la soucoupe

murhu

la sauce

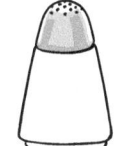

xilo xo chele munyu

la salière

xilo xo gaya

le moulin à poivre

vhiniga

le vinaigre

mafurha

l'huile

swinyunyeteri

les épices

ketchup

le ketchup

mustard

la moutarde

mayonasi

la mayonnaise

xitolo le xikulu swinene

le supermarché

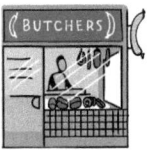

nyiko yo hlawuleka
l'offre promotionnelle
FOR
muxavi
le client
ntsamba
les produits laitiers
mihandzu
les fruits
xikocikara
le chariot

BUTCHERS

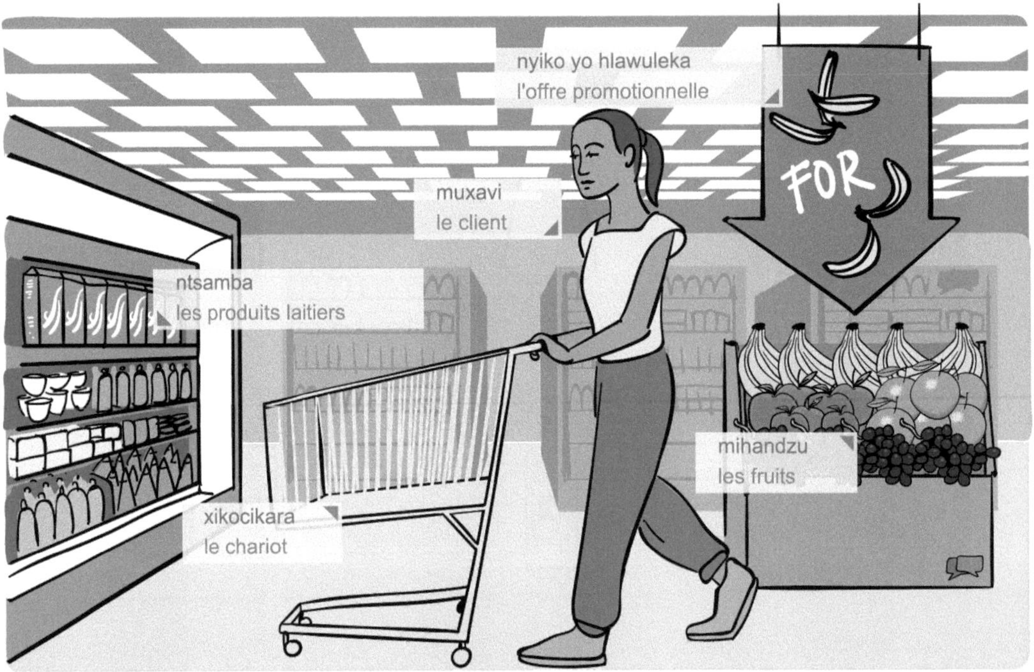

buchara

la boucherie

BAKERY

bekari

la boulangerie

ringanyeta

peser

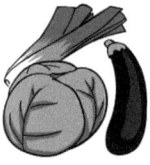

swimila

les légumes

nyama

la viande

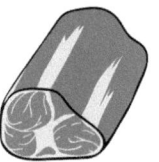

swakudya swo titimela

les aliments surgelés

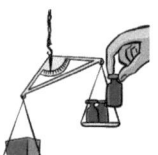

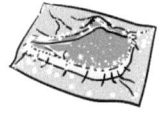

nyama

la charcuterie

swakudya leswi nga thinini

les conserves

mapa yo hlanswa

la poudre à lessive

malekere

les bonbons

switirhisiwa swa le ndlwini

les articles ménagers

swilo swo basisa

les détergents

munhu wo xavisa

la vendeuse

thili

la caisse

muamukeli wa timali

le caissier

nxaxamelo wa swo xaviwa

la liste d'achats

nkarhi wa ku tirha

les heures d'ouverture

nkwama wa mali

le portefeuille

khadi ra xikweleti

la carte de crédit

nkwama

le sac

nkwama wa pulasitiki

le sac en plastique

mati

l'eau

ntsutsu

le jus de fruit

meleke

le lait

coke

le coca

vhinyo

le vin

byalwa

la bière

byala

l'alcool

cocoa

le chocolat chaud

tiya

le thé

kofi

le café

espresso

l'expresso

cappuccino

le cappuccino

banana

la banane

apula

la pomme

lamula

l'orange

kalabatla

le melon

swiri

le citron.

kherotsi

la carotte

swinyalana

l'ail

musengele

le bambou

nyala

l'oignon

swikowa

le champignon

timanga

les noisettes

makaroni ya nyama

les pâtes

spaghetti

les spaghetti

rhayisi

le riz

saladi

la salade

machipisi

les pommes frites

nhlata wo katingiwa

les pommes de terre rôties

pizza

la pizza

hamburger

le hamburger

xinkwa

le sandwich

cutlet

l'escalope

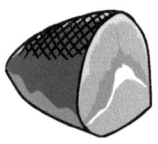

ham

le jambon

salami

le salami

soseji

la saucisse

huku

le poulet

katinga

le rôti

hlampfi

le poisson

oats
les flocons d'avoine

muesli
le muesli

rivele-ndzoho
les cornflakes

filawa
la farine

bantsi
le croissant

xinkwa
les petits-pains

xinkwa
le pain

xinkwa xo oxiwa
le pain grillé

makokisi
les biscuits

botere
le beurre

ribomba ra tswamba
le fromage blanc

khekhe
le gâteau

tandza
l'œuf

matandza lama katingiweke
l'œuf au plat

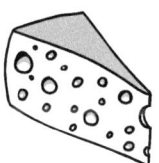

chizi
le fromage

ayisi khrimi

la glace

chukela

le sucre

vulombe

le miel

jamu

la confiture

botere ya chokoleti

la crème nougat

curry

le curry

purasi
la ferme

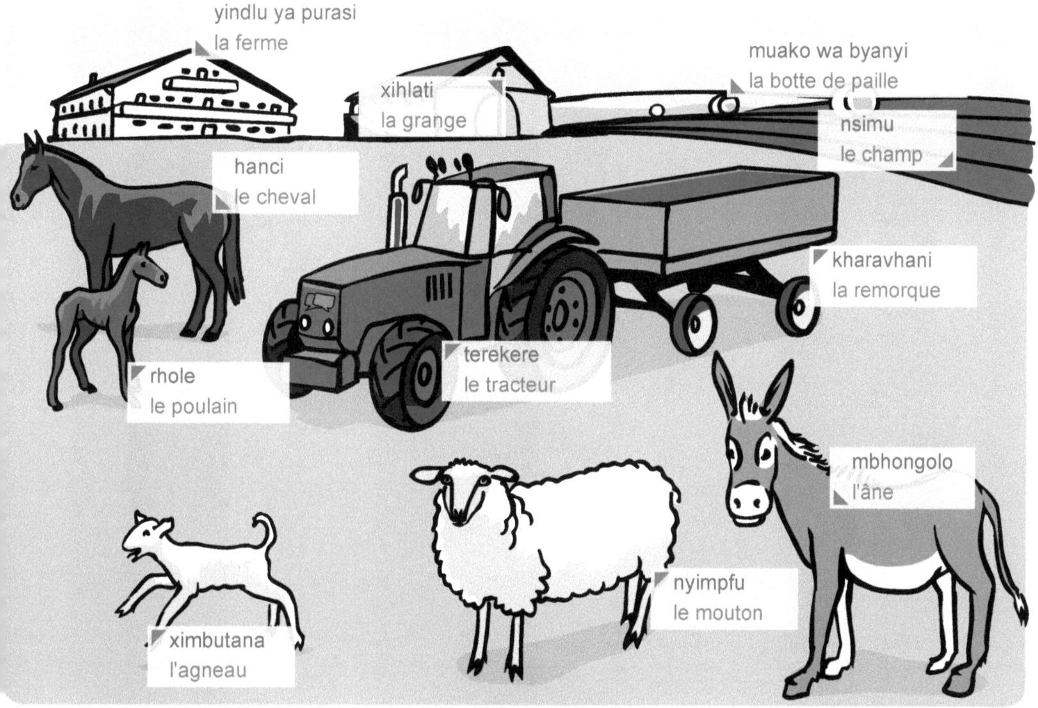

yindlu ya purasi
la ferme
xihlati
la grange
muako wa byanyi
la botte de paille
nsimu
le champ
hanci
le cheval
kharavhani
la remorque
terekere
le tracteur
rhole
le poulain
mbhongolo
l'âne
nyimpfu
le mouton
ximbutana
l'agneau

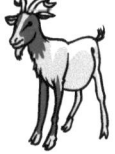

mhunti

la chèvre

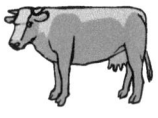

homu

la vache

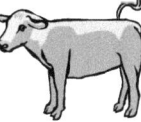

rhole

le veau

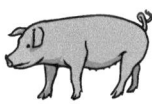

nguluve

le porc

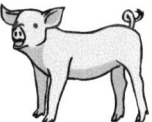

xingulubyana

le porcelet

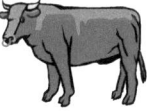

nkuzi

le taureau

sekwa

l'oie

sweka

le canard

xikukwana

le poussin

mbhaha

la poule

nkuku

le coq

kondlo

le rat

ximanga

le chat

kondlo

la souris

homu

le bœuf

mbyana

le chien

yindlu ya mbyana

le chenil

payipi ya mati

le tuyau de jardin

xilo xo chelela mati

l'arrosoir

nsimbi yo tsema

la faucheuse

xikomu

la charrue

sikele

la faucille

xikomu

la pioche

foroko le yikulu

la fourche

xihloka

la hache

bara

la brouette

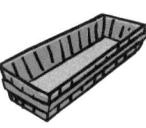

xitsengele

la cuve

xilo xo chela ntswamba

le pot à lait

saka

le sac

rirhangu

la clôture

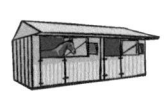

xivala

l'étable

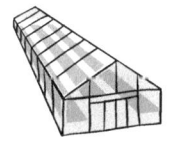

yindlu ya vuhlayiselo bya
swimilana

le serre

misava

le sol

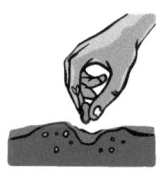

mbewu

les semences

swinonisi

l'engrais

muchini wa ku tshovela

la moissonneuse-batteuse

tshovela

récolter

ntshovelo

la récolte

mintsumbula

l'igname

koroni

le blé

tinyawa

le soja

nhlata

la pomme de terre

koroni

le maïs

rapeseed

le colza

nsinya wa mihandzu

l'arbre fruitier

ntsumbula

le manioc

swakudya swa tidzoho

les céréales

yindlu
la maison

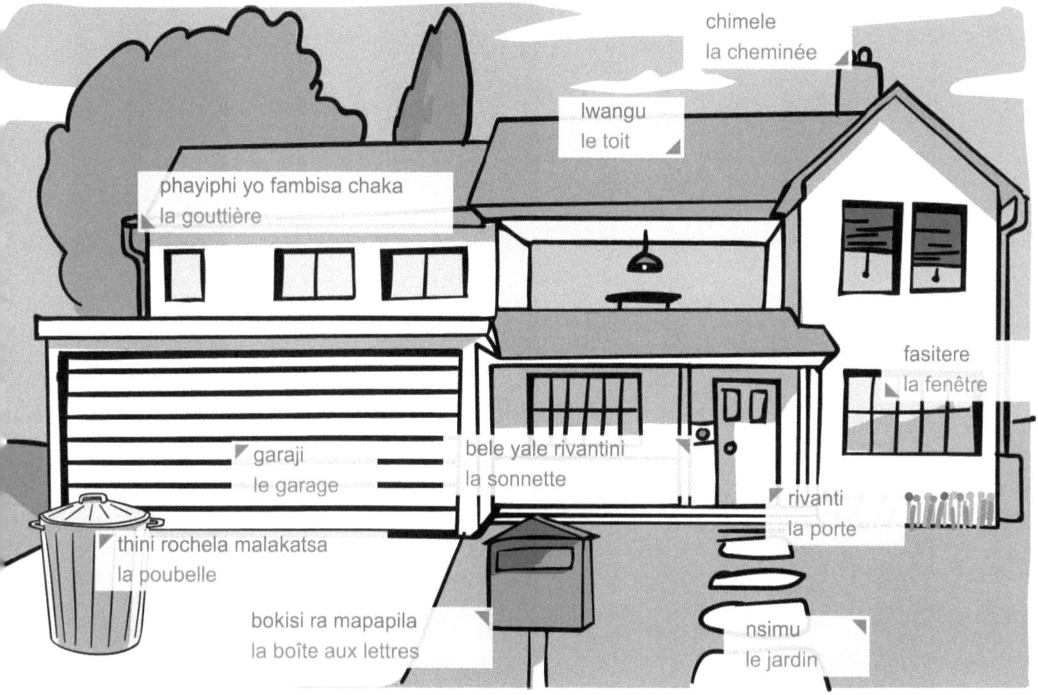

chimele
la cheminée
lwangu
le toit
phayiphi yo fambisa chaka
la gouttière
fasitere
la fenêtre
garaji
le garage
bele yale rivantini
la sonnette
rivanti
la porte
thini rochela malakatsa
la poubelle
bokisi ra mapapila
la boîte aux lettres
nsimu
le jardin

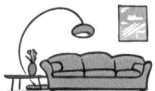

kamara ro tshama

le salon

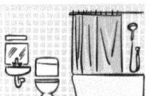

kamara yo hlambela

la salle de bain

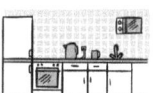

khishini

la cuisine

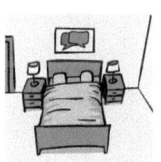

kamera ro etlela

la chambre à coucher

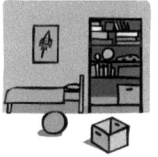

kamana ya vana

la chambre d'enfant

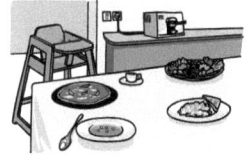

ndhawu yo dyela

la salle à manger

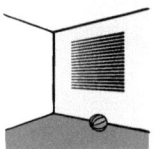

ehansi

le sol

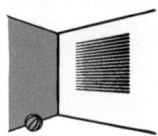

khumbi

le mur

silingi

le plafond

kamera ra le hansi

la cave

phungula

le sauna

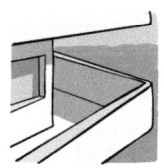

rikupakupa

le balcon

tshala

la terrasse

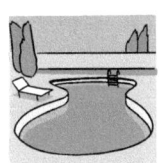

damu

la piscine

muchini wo tsema byanyi

la tondeuse à gazon

nkumba

la housse

swo andlalela mubedo

la couette

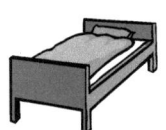

mubedo

le lit

nkukulu

le balai

bakiti

le sceau

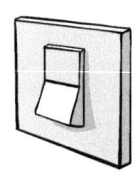

swichi

l'interrupteur

kamara ro tshama
le salon

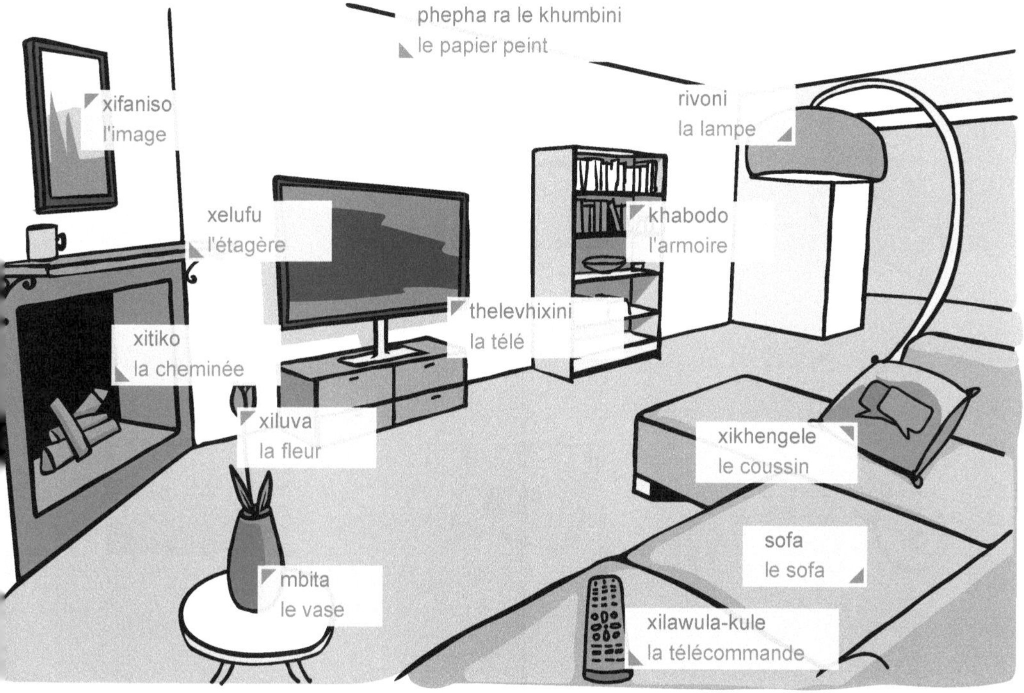

phepha ra le khumbini
le papier peint
xifaniso
l'image
rivoni
la lampe
xelufu
l'étagère
khabodo
l'armoire
thelevhixini
la télé
xitiko
la cheminée
xiluva
la fleur
xikhengele
le coussin
sofa
le sofa
mbita
le vase
xilawula-kule
la télécommande

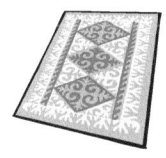

khapete

le tapis

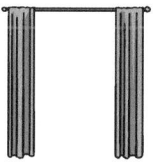

khethenisi

le rideau

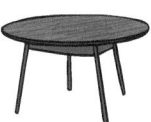

tafula

la table

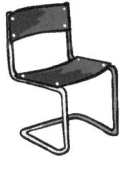

xitulu

la chaise

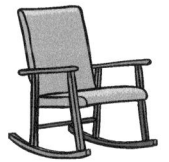

xitulu xo mbuwetela

la chaise à bascule

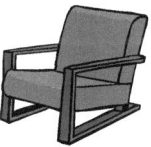

xitulu xo tlhandleka mavoko

le fauteuil

buku

le livre

nkumba

la couverture

nkhaviso

la décoration

tihunyi

le bois de chauffage

filimi

le film

muchini wa hi-fi

la chaîne hi-fi

xinotlelo

la clé

phepha-hungu

le journal

xifaniso lexi vatliweke

la peinture

bodo ya xifaniso

le poster

xiya-ni-moya

la radio

buku yo tsala tinhla

le bloc-notes

hoover

l'aspirateur

xiluva xa cactus

le cactus

khandlela

la bougie

khishini
la cuisine

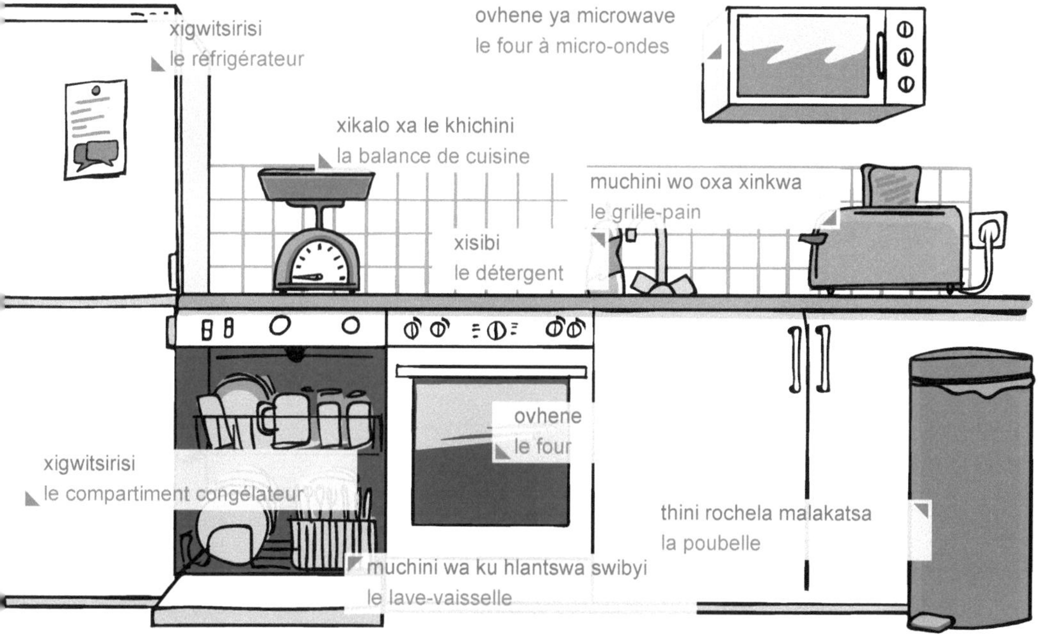

xigwitsirisi
le réfrigérateur
ovhene ya microwave
le four à micro-ondes
xikalo xa le khichini
la balance de cuisine
muchini wo oxa xinkwa
le grille-pain
xisibi
le détergent
ovhene
le four
xigwitsirisi
le compartiment congélateur
thini rochela malakatsa
la poubelle
muchini wa ku hlantswa swibyi
le lave-vaisselle

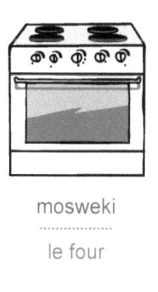

mosweki

le four

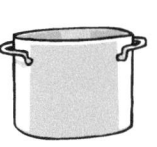

poto

la casserole

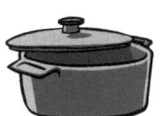

poto ra nsimbi

la marmite

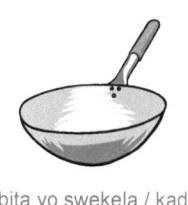

mbita yo swekela / kadai

le wok / kadai

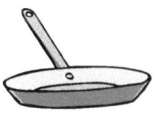

pani

la poêle

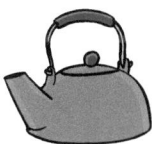

ketlele

la bouilloire electrique

xo sweka hi nkahelo

le cuiseur vapeur

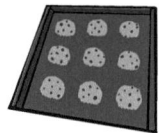

thireyi ya ku baka

la plaque de cuisson

swibya

la vaisselle

xikomichana

le gobelet

ximbitana

la coupe

ti-chopstick

les baguettes

xipunu

la louche

spatula

la spatule

muchini wo hlanganisa

le fouet

sefo

la passoire

xisefo

le tamis

xilo xo tsemelela

la râpe

xibye

le mortier

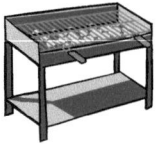

nyama yo oshiwa

le barbecue

ndzilo

la cheminée

bodo ya ku tsemelela

la planche à découper

mhandzi yo andlala fulawa

le rouleau à pâtisserie

xo pfula mabodlhela

le tire-bouchon

thini

la boîte

xo pfula mathini

l'ouvre-boîte

xo khoma poto

les maniques

zinki

le lavabo

buracha

la brosse

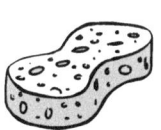

xiponci

l'éponge

xilo lexi hlanganiselaka

le mixeur

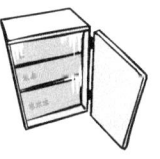

xigwitsirisi

le congélateur

bodlhela ra n'wana

le biberon

pompi

le robinet

kamara yo hlambela

la salle de bain

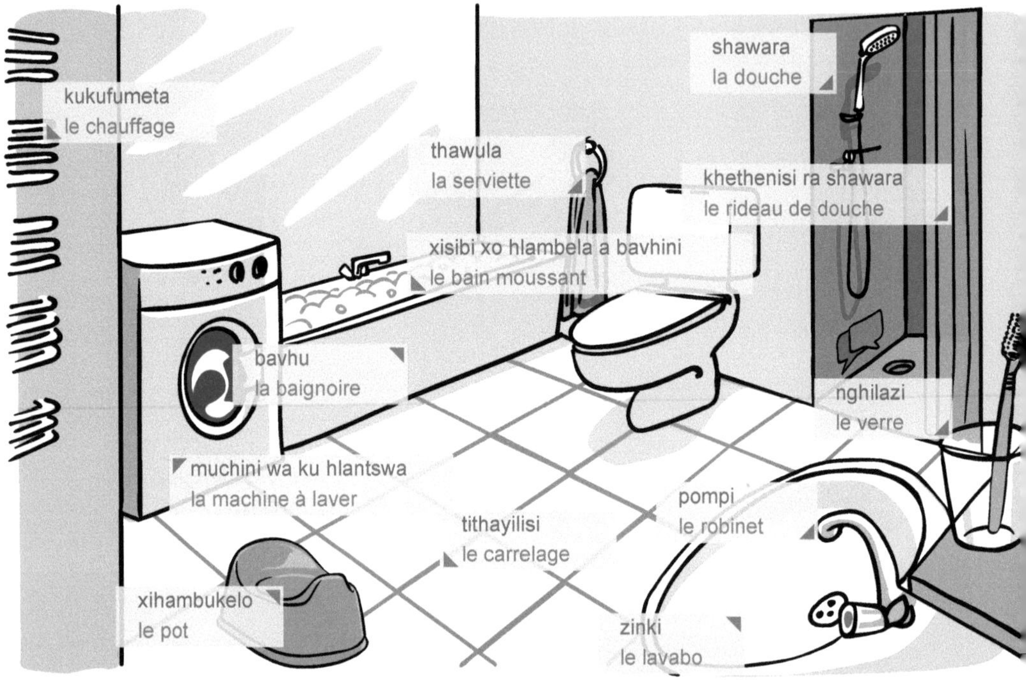

shawara
la douche
kukufumeta
le chauffage
thawula
la serviette
khethenisi ra shawara
le rideau de douche
xisibi xo hlambela a bavhini
le bain moussant
bavhu
la baignoire
nghilazi
le verre
muchini wa ku hlantswa
la machine à laver
pompi
le robinet
tithayilisi
le carrelage
xihambukelo
le pot
zinki
le lavabo

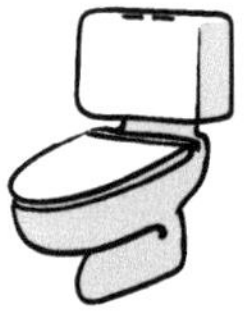

xihambukelo

les toilettes

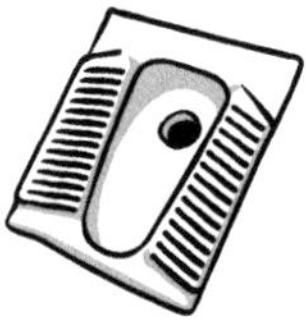

xihambukelo

la toilette à la turque

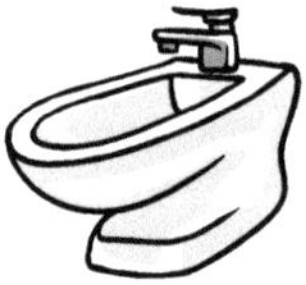

bidet

le bidet

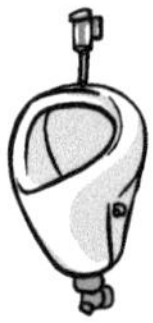

ndhawu yo tsakamisela

l'urinoir

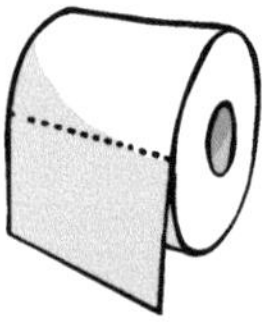

papila ra xihambukelo

le papier toilette

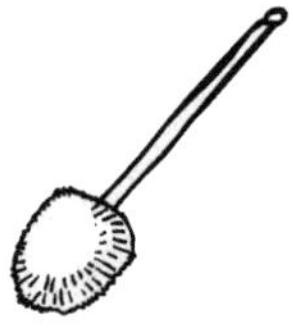

burachi bya xihambukelo

la brosse à toilette

burachi bya meno

la brosse à dents

xisibi xa meno

le dentifrice

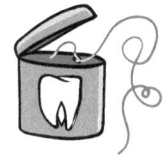

xo basisa exikarhi ka meno

le fil dentaire

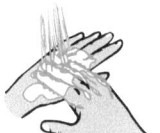

hlamba

laver

xawara yo khomiwa hivoko

la douche manuelle

douche

la douche intime

xihlambelo

la vasque

buracha ra nhlana

la brosse dorsale

xisibi

le savon

xisibi xa xawara

le gel douche

shampoo

le shampooing

swilapana

le gant de toilette

xinambyana

l'écoulement

rivomba

la crème

xinhuherisi

le déodorant

xivoni

le miroir

xivoni xo khomiwa hivoko

le miroir cosmétique

rikarhi

le rasoir

xisibi so susa malevu

la mousse à raser

mafurha ya kutola loku u
heta ku tsemeta malevu

l'après-rasage

kama

la peigne

buracha

la brosse

muchini wo omisa mosisi

le sèche-cheveux

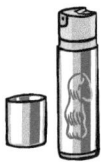

mafurha yo tola mosisi

la laque pour cheveux

xo tisasekisa

le fond de teint

xotota nomo

le rouge à lèvres

xo tota minwala

le vernis à ongles

kotoni

l'ouate

xo tsema minwala

le coupe-ongles

xinhuherisi

le parfum

nkwama wa le
xihambukelweni

la trousse de toilette

nchuluko

le tabouret

xikalo

le pèse-personne

nguvu yo hlamba

le peignoir

tiglovhu ta raba

les gants de nettoyage

tampon

le tampon

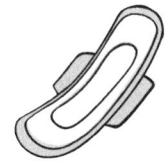

thawula ra ku basisa

les serviettes hygiéniques

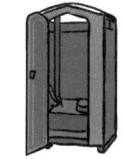

xihambukelo xa le handle

la toilette chimique

kamana ya vana

la chambre d'enfant

alamu ya wachi
le réveil
xo tlanga sa ku etlela
le doudou
movha ya ku tlangisa
la voiture jouet
xokocokoco
le hochet
yindlu ya swipopana
la maison de poupée
nyiko
le cadeau

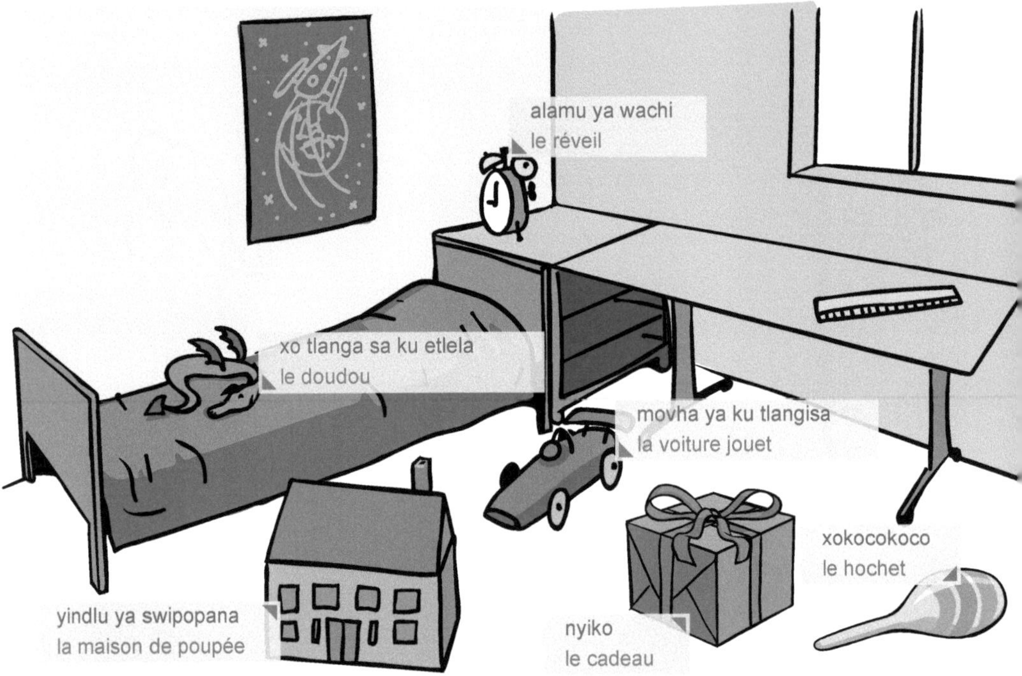

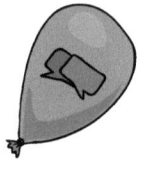

baluni

le ballon

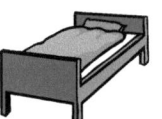

mubedo

le lit

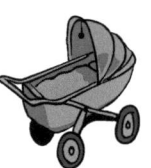

pureme

la poussette

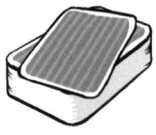

makhadi

le jeu de cartes

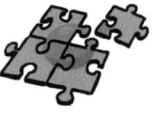

jigsaw

le puzzle

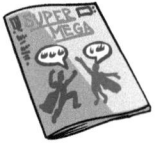

khomiki

la bande dessinée

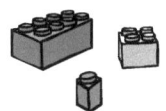

switina swa lego
....
les pièces lego

swiaki
....
les blocs de construction

xo tlanga xa vana
....
la figurine

swiambalo swa nwana
....
la grenouillère

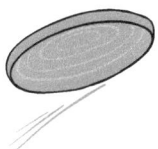

Frisbee
....
le frisbee

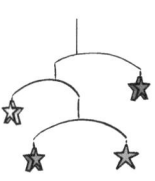

mobile
....
le mobile

ntlango wa le bodweni
....
le jeu de société

dayisi
....
le dé

xitimela xo tlanga
....
le train miniature

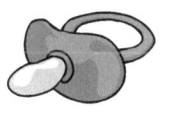

xo tlangisa vana
....
la sucette

nkhuvo
....
la fête

buku ya swifaniso
....
le livre d'images

bolo
....
la balle

xipopana
....
la poupée

tlanga
....
jouer

khele ra sava

le bac à sable

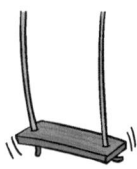

muchinginya

la balançoire

swilo swo tlangisa

les jouets

mintlango ya vhidiyo

la console de jeu

xithuthuthu xa mivhilwa manharhu

le tricycle

tibere to tlangisa

l'ours en peluche

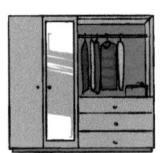

wadirobo

l'armoire

swiambalo

les vêtements

masokisi

les chaussettes

masokisi

les bas

buruku byo tlimba

le collant

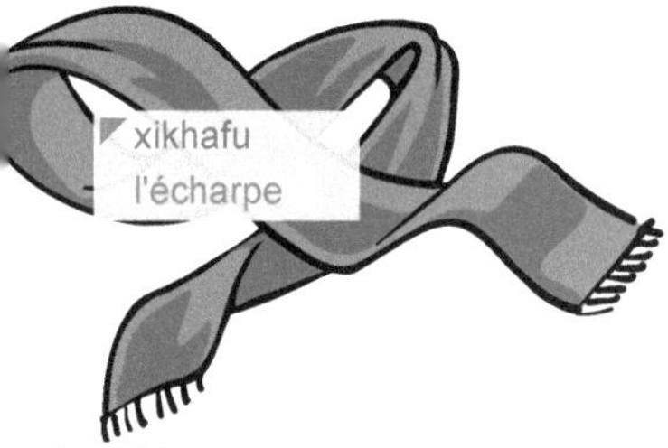

xikhafu
l'écharpe

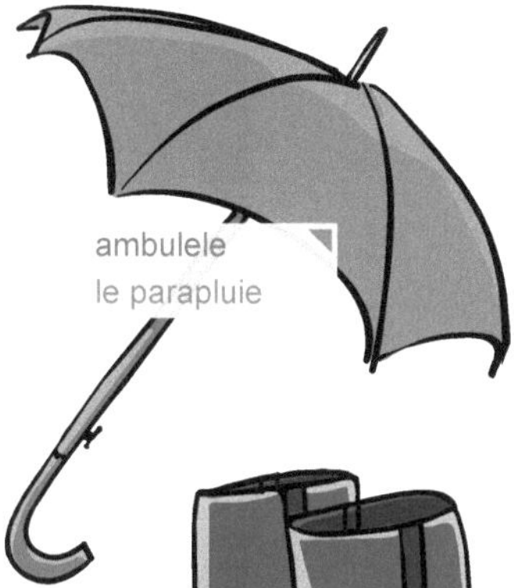

bandhi
la ceinture

ambulele
le parapluie

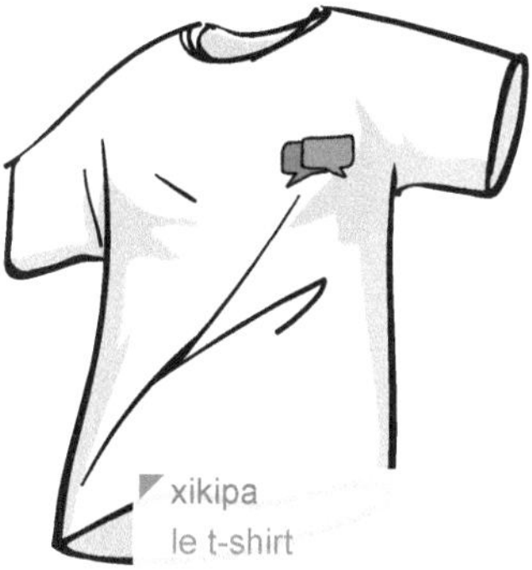

xikipa
le t-shirt

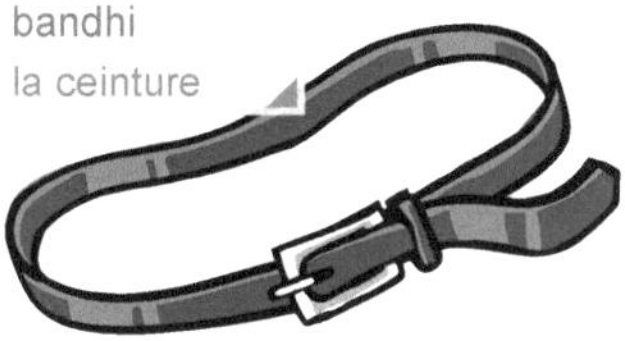

tintangu
les bottes

maphashana
les pantoufles

tintangu to tsutsuma
les baskets

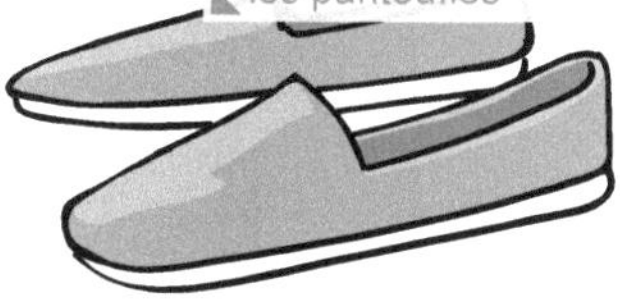

maphashana
....
les sandales

tintangu
....
les chaussures

majombo ya raba
....
les bottes de caoutchouc

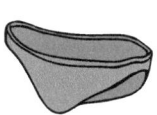

maburuko ya le ndzeni
....
les sous-vêtements

bodi
....
le soutien-gorge

xikipa xa le ndzeni
....
le maillot de corps

miri

le body

maburuko

le pantalon

bokati

le jean

xiketi

la jupe

bulawusi

le chemisier

hembe

la chemise

jesi

le pull

jazi ro fingeneta nhloko

le sweat à capuche

buleyizara

la veste

baji

la veste

nghuvo

le manteau

jazi rampfula

l'imperméable

swiambalo

le costume

swiambalo

la robe

rhoko ya mucato

la robe de mariée

sudu

le costume

xiambalo xo etlela

la chemise de nuit

swi ambalo swo etlela

le pyjama

sari

le sari

xikhafu

le foulard

duku

le turban

burqa

la burqa

swi ambalo

le caftan

abaya

l'abaya

swiambalo swo hlambela

le maillot de bain

maburuko ya le ndzeni

le maillot de bain

buruku ro koma

le short

tracksuit

la tenue d'entraînement

fasikoti

le tablier

maglilavhu

les gants

kunupu

le bouton

manghilazi ya mahlo

les lunettes

sindza

le bracelet

vuhlalu

le collier

xingwaxila

la bague

vo sasekisa tindleve

la boucle d'oreille

kepisi

le bonnet

hangara ya nghuvo

le cintre

xigqoko

le chapeau

thayi

la cravate

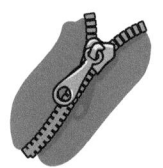

zipi

la fermeture éclair

xihuku

le casque

minxongotelo

les bretelles

swiambalo swa xikolo

l'uniforme scolaire

yunifomo

l'uniforme

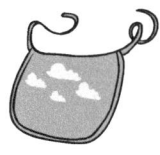

bibi

le bavoir

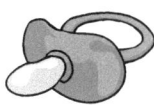

xo tlangisa vana

la sucette

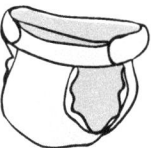

leyiri

la lange

hofisi
le bureau

server
le serveur
khabodo yo beka tifayili
l'armoire d'archivage
muchini wa ku kandziyisa
l'imprimante
papila
le papier
xikirini
l'écran
mouse
la souris
tafola
le bureau
xilo xo veka swiphephana
le classeur
keyboard
le clavier
xikotela xo lahla maphepha
la corbeille à papier
khompyuta
l'ordinateur
xitulo
la chaise

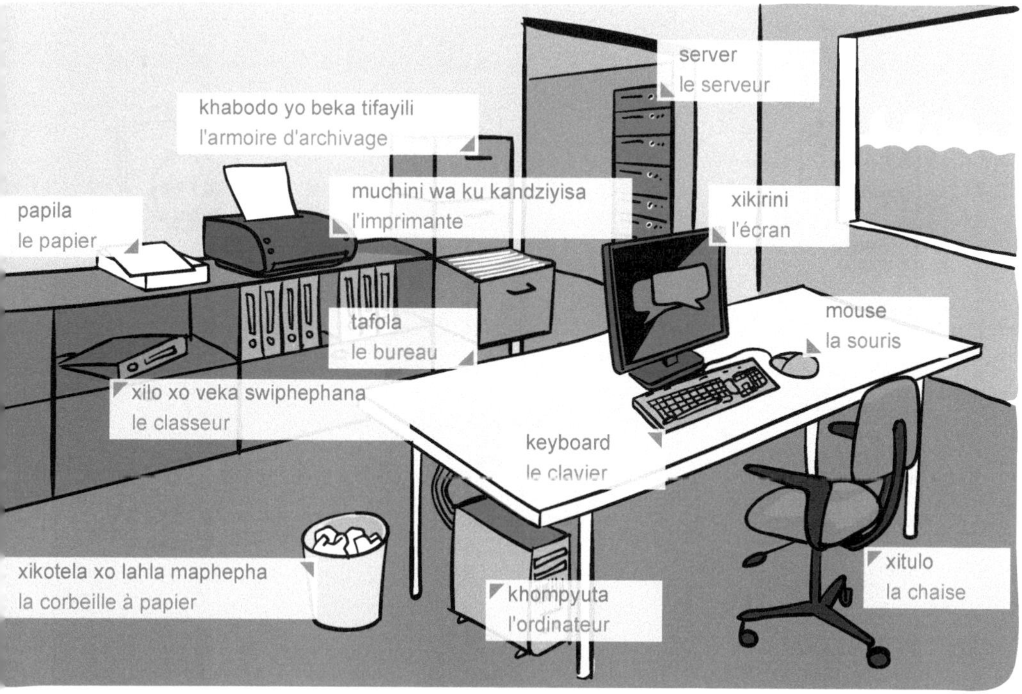

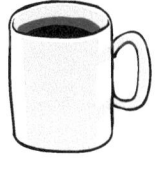

bikiri ra kofi

la tasse de café

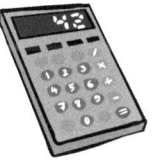

muchini wo hlaya

la calculatrice

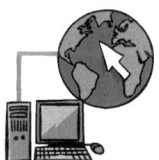

internet

l'internet

laptop

l'ordinateur portable

papila

la lettre

rungula

le message

foni

le portable

network

le réseau

muchini wo endla tikopi

la photocopieuse

progreme ya khompyuta

le logiciel

riqingho

le téléphone

pulagi ya gezi

la prise

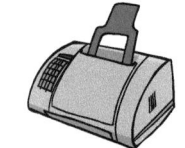

muchini wo rhumela rungula

le fax

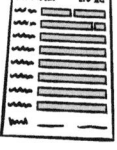

fomo

le formulaire

papila

le document

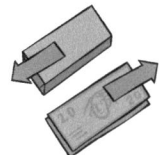

xava

acheter

hakela

payer

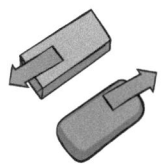

xavisa

faire du commerce

mali

la monnaie

dolara

le dollar

euro

l'euro

yen

le yen

rouble

le rouble

Swiss franc

le franc suisse

renminb yuan

le renminbi yuan

rupee

la roupie

muchini wa mali

le distributeur automatique

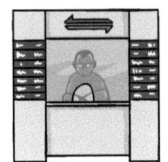

ndhawu yo cinca mali

le bureau de change

nsuku

l'or

silivhere

l'argent

mafurha

le pétrole

matimba

l'énergie

hakelo

le prix

ntwanano

le contrat

xibalo

la taxe

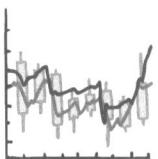

nundzu ya timali

l'action

tirha

travailler

mutirhi

l'employé

mothorhi

l'employeur

fektri

l'usine

xitolo

le magasin

mintirho
les professions

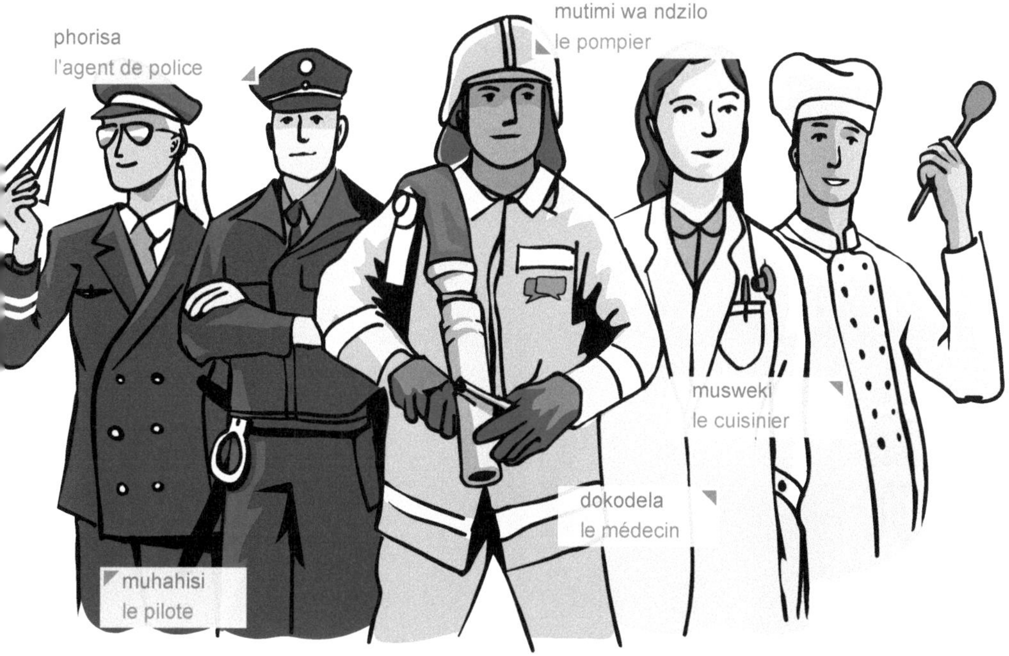

mutimi wa ndzilo
le pompier
phorisa
l'agent de police
musweki
le cuisinier
dokodela
le médecin
muhahisi
le pilote

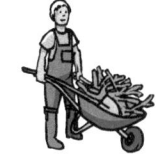

muhlayi wa ntanga

le jardinier

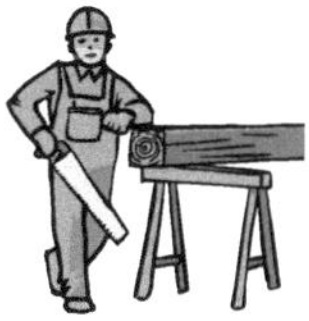

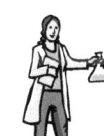

muvatli

le menuisier

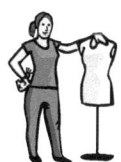

murungi

la couturière

muavanyisi

le juge

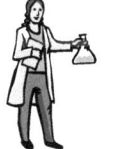

xitshunguri

le chimiste

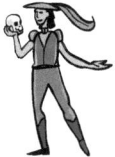

mutlangi

l'acteur

muchaeri wa tibazi

le conducteur de bus

muchayeri wa thekisi

le chauffeur de taxi

muphasi wa tinhlampfi

le pêcheur

wansati wa ku basisa

la femme de ménage

mufuleri

le couvreur

muphameri

le serveur

muhloti

le chasseur

mupendi

le peintre

mubaki

le boulanger

mutivi wagezi

l'électricien

muaki

l'ouvrier

munjiniyara

l'ingénieur

muxavisi wa nyama

le boucher

muplambara

le plombier

muheleketi wa poso

le facteur

socha

le soldat

mumpfampfarhuti

l'architecte

muamukeli wa timali

le caissier

muxavisi wa swiluva

le fleuriste

mululamisi wa misisi

le coiffeur

mufambisi

le contrôleur

munhu wo lungisa timovha

le mécanicien

mulawuri

le capitaine

dokotela wa matinho

le dentiste

mutivi wa sayensi

le scientifique

mufundisi

le rabbin

murhangeri

l'imam

nghwendza

le moine

mfundisi

le prêtre

mintirho - les professions

switirhisiwa
les outils

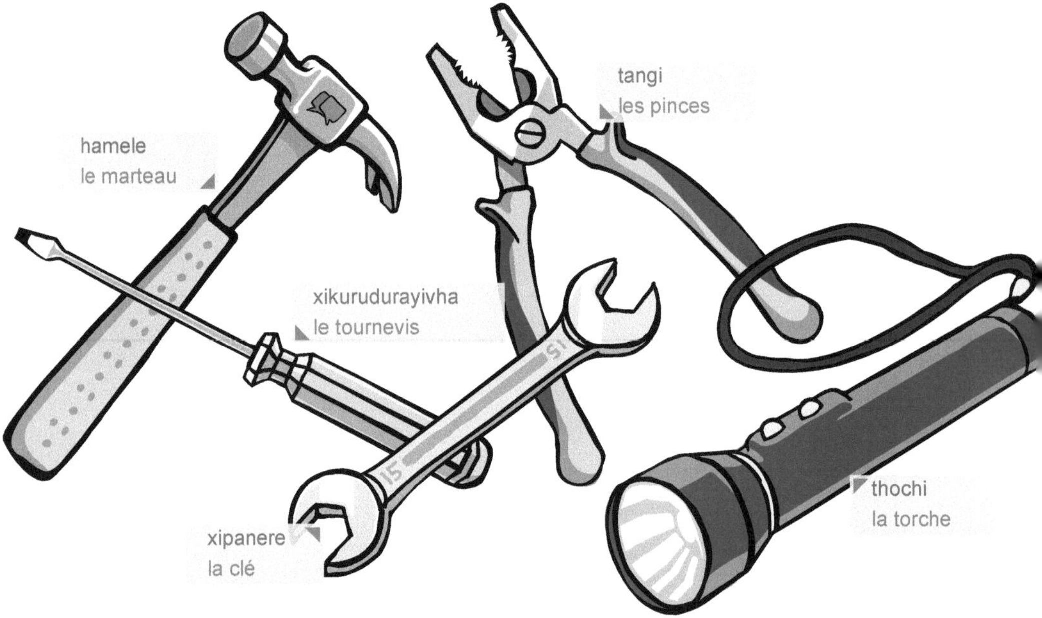
tangi
les pinces
hamele
le marteau
xikurudurayivha
le tournevis
thochi
la torche
xipanere
la clé

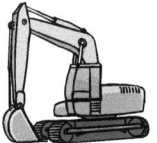

muchini wo cela

la pelleteuse

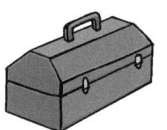

bokisi ra switirhisiwa

la boîte à outils

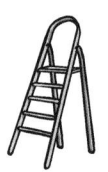

xitepisi

l'échelle

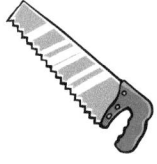

saha

la scie

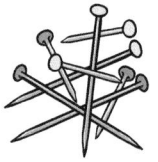

swipikiri

les clous

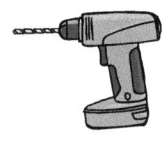

muchini wo boxa

la perceuse

lunghisa

réparer

foxolo

la pelle

Thyaka!

Mince !

nchumu wo susa ritshuri

la pelle

mbita ya pende

le pot de peinture

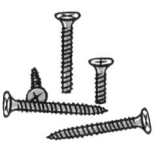

bawuti

les vis

swichayachayana
les instruments de musique

swigubu
la batterie

xikurisa-mpfumawulo
le haut-parleurs

double bass
la contrebasse

mhalamhala
la trompette

katara
la guitare

piyano
....
le piano

violin
....
le violon

bass
....
la basse

timpani
....
les timbales

xigubu
....
le tambour

keyboard
....
le piano électrique

saxophone
....
le saxophone

xitiringo
....
la flûte

xikurisa-marito
....
le microphone

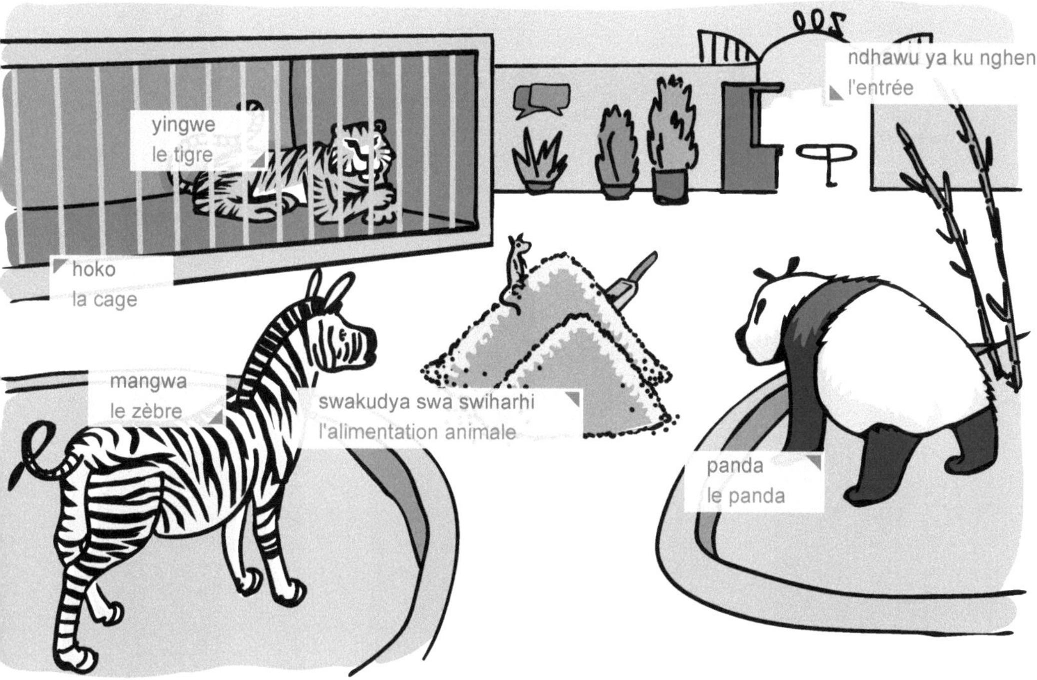

yingwe
le tigre

hoko
la cage

mangwa
le zèbre

swakudya swa swiharhi
l'alimentation animale

ndhawu ya ku nghena
l'entrée

panda
le panda

swiharhi

les animaux

ndlopfu

l'éléphant

xinjhenghwe

le kangourou

mhelembe

le rhinocéros

gorila

le gorille

bere

l'ours

kamela

le chameau

yintsha

l'autruche

nghala

le lion

nkawu

le singe

flamingo

le flamand rose

hokwe

le perroquet

bere

l'ours polaire

penguin

le pingouin

shaka

le requin

hanti

le paon

nyoka

le serpent

ngwenya

le crocodile

muhlayisi wa mintanga ya swiharhi

le gardien de zoo

seal

le phoque

jaguar

le jaguar

hanci

le poney

yingwe

le léopard

mpfuvu

l'hippopotame

nhutlwa

la girafe

gama

l'aigle

ngluve ya nhova

le sanglier

hlampfi

le poisson

mfutsu

la tortue

nyimpfu ya le lwandle

le morse

mhungubye

le renard

mhala

la gazelle

bolo ya le Amerika
l'american Football

kufamba hi xi kanyakanya
le cyclisme

tennis
le tennis

basketball
le basket-ball

kuhlambela
la natation

ntlango wa ku bana
la boxe

khororo ya le ayisini
le hockey sur glace

bolo
le football

badminton
le badminton

mintlango
l'athlétisme

bolo ya mavoko
le handball

kureta e gambokweni
le ski

polo
le polo

hleka
rire

tlula
sauter

angara
embrasser

famba
marcher

yimbelela
chanter

lora
rêver

khongela
prier

ntswontswa
faire la bise

tsala
écrire

dirowa
dessiner

komba
montrer

dlidlimeta
pousser

nyika
donner

teka
prendre

yi va

avoir

endla

faire

ku va

être

yima

être debout

tsutsuma

courir

koka

trier

lahlela

jeter

wana

tomber

hemba

être couché

rindza

attendre

rhwala

porter

tshama

être assis

ambala

s'habiller

tlela

dormir

pfuka

se réveiller

languta

regarder

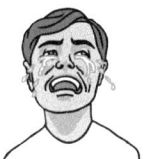

rila

pleurer

bana

caresser

kama

peigner

vulavula

parler

twisisa

comprendre

vutisa

demander

yingisa

écouter

nwana

boire

dyana

manger

basisa

ranger

randza

aimer

sweka

cuire

chayela

conduire

haha

voler

tluta

faire de la voile

hlaya

calculer

hlaya

lire

hlaya

apprendre

tirha

travailler

teka

se marier

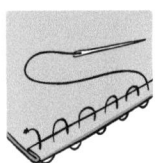

rhunga

coudre

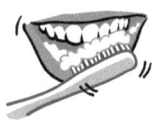

kuhlamba meno

brosser les dents

dlaya

tuer

dzaha

fumer

rhumela

envoyer

ndyanghu
la famille

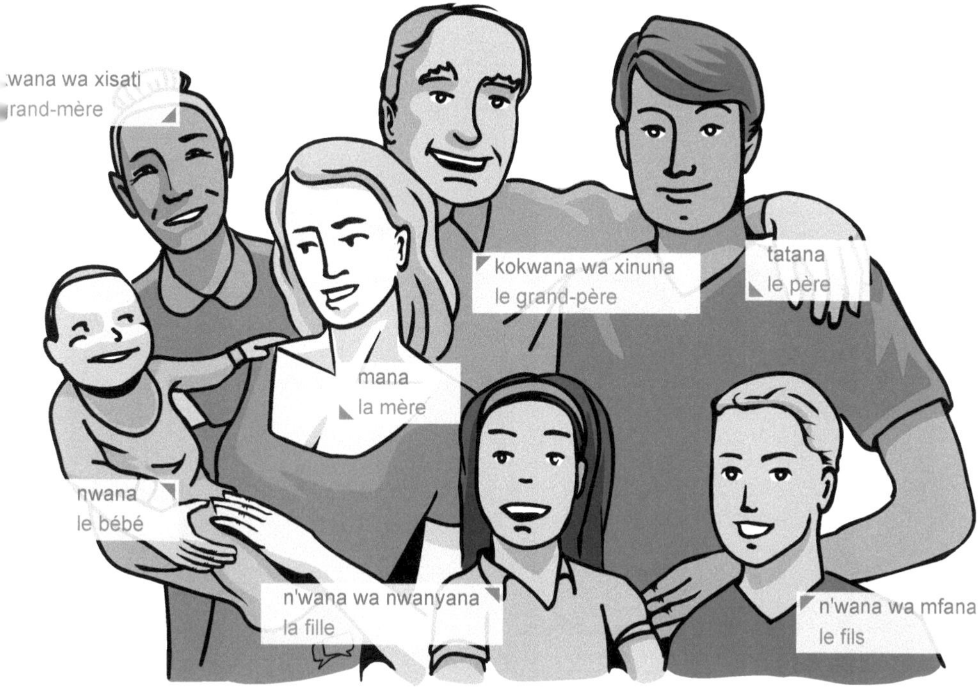

.wana wa xisati
rand-mère
kokwana wa xinuna
le grand-père
tatana
le père
mana
la mère
nwana
le bébé
n'wana wa nwanyana
la fille
n'wana wa mfana
le fils

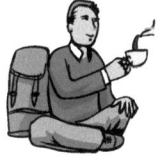

muendzi

l'hôte

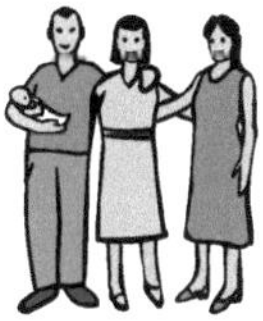

hahani

la tante

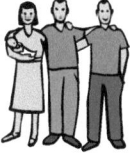

malume

l'oncle

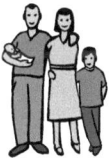

makwerhu

le frère

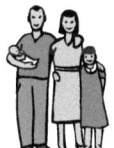

makwrhu

la sœur

miri

le corps

mombo
le front
tihlo
l'œil
katla
l'épaule
ritiho
le doigt
xikandza
le visage
xilebvu
le menton
voko
la main
nenge
la jambe
bele
la poitrine
voko
le bras

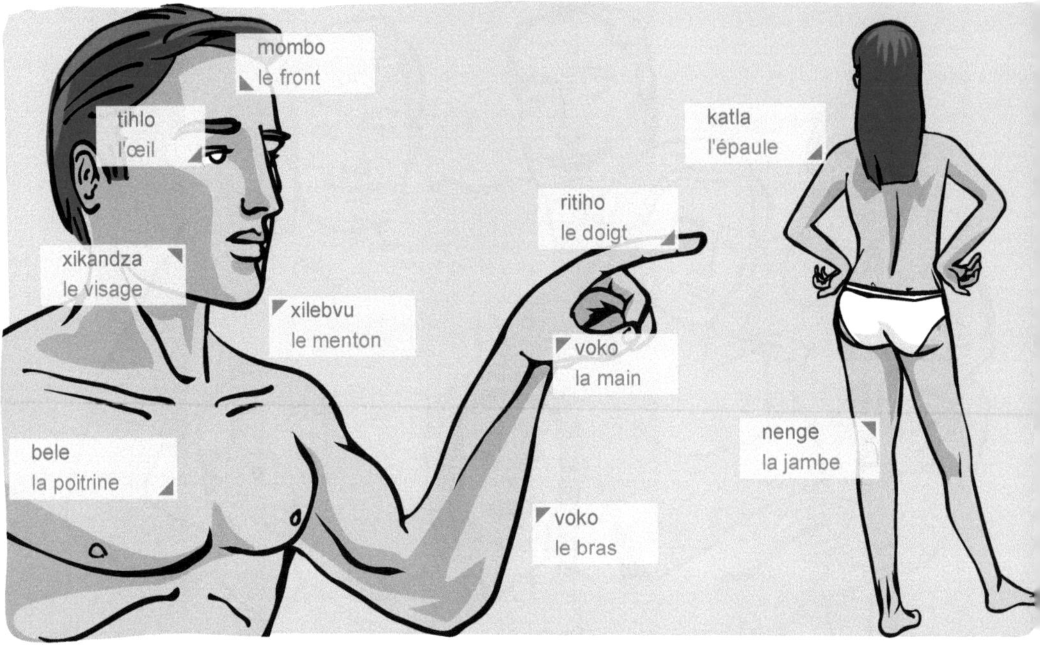

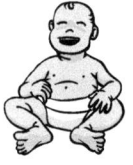

nwana

le bébé

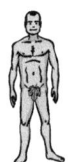

n'wanuna

l'homme

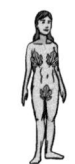

nw'ansati

la femme

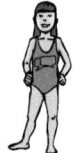

nhwanyana

la fille

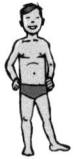

mfana

le garçon

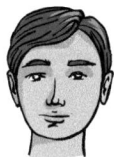

nhloko

la tête

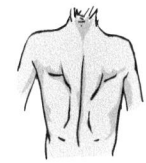

nhlana

le dos

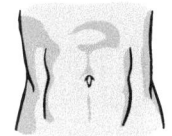

khwiri

le ventre

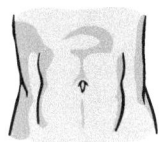

nkava

le nombril

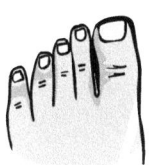

xikunwani

l'orteil

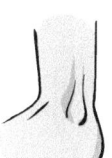

xirhenze

le talon

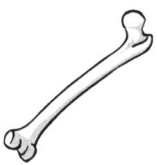

rhambu

l'os

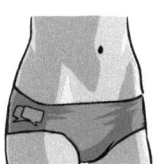

nyonga

la hanche

tsolo

le genou

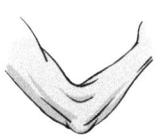

xikokola

le coude

nompfu

le nez

xisuti

les fesses

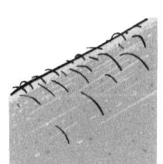

nhlonge

la peau

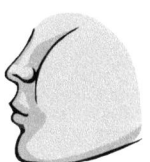

rhama

la joue

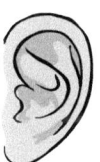

ndlebe

l'oreille

nomu

la lèvre

nomu

la bouche

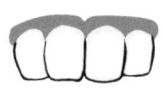

tinyo

la dent

ririmi

la langue

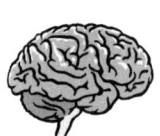

byongo

le cerveau

mbilu

le cœur

nsiha

le muscle

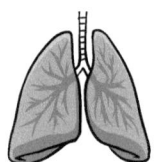

hahu

les poumons

vixindzi

le foie

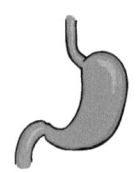

khwiri

l'estomac

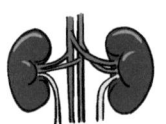

tinso

les reins

masangu

le rapport sexuel

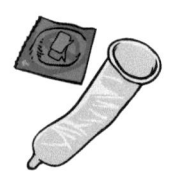

khondomu

le préservatif

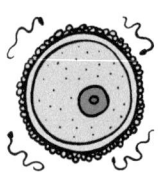

tandza

l'ovule

mbewu ya vununa

le sperme

nyimba

la grossesse

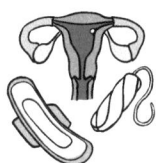

kuya enkarhini

la menstruation

muhocho

le vagin

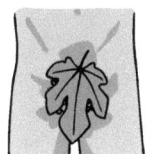

xiluma

le pénis

tinxiyi

le sourcil

misisi

les cheveux

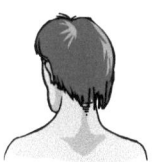

nhamu

le cou

xibedlhele

l'hôpital

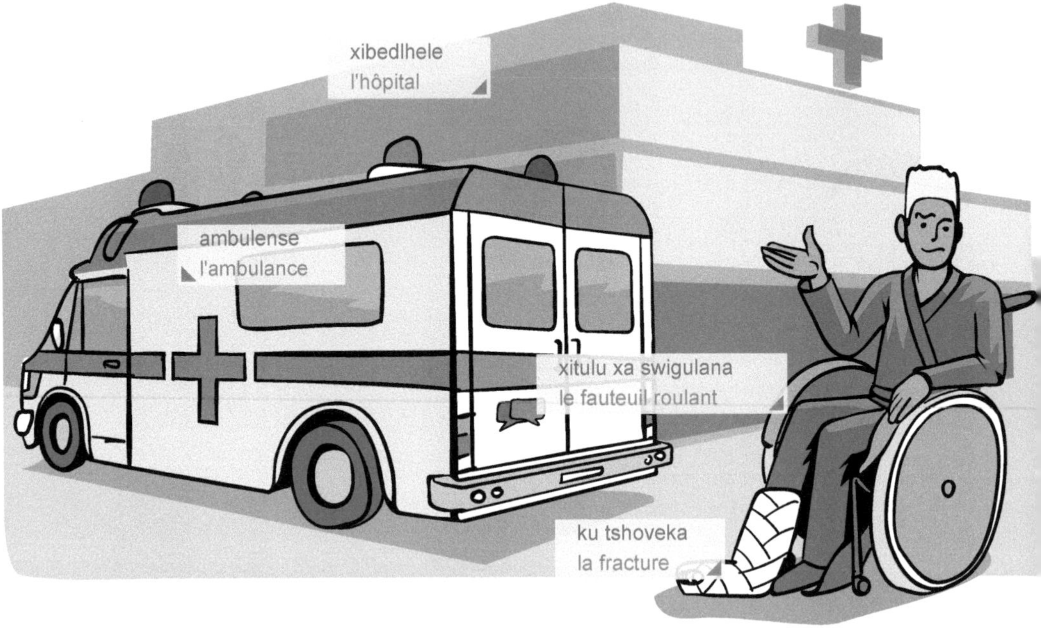

xibedlhele
l'hôpital
ambulense
l'ambulance
xitulu xa swigulana
le fauteuil roulant
ku tshoveka
la fracture

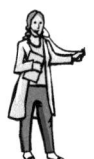

dokodela

le médecin

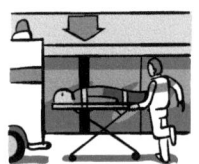

kamara ra xilamulela-mhango

le service des urgences

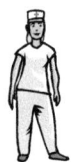

muongori

l'infirmière

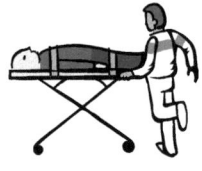

xihatla

l'urgence

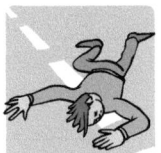

ku titivala

inconscient

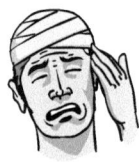

kuvava

la douleur

ku vaviseka

la blessure

mpfempfa ngati

l'hémorragie

ku hlaseriwa himbilu

la crise cardiaque

ku oma swirho

l'attaque cérébrale

rinyenyo

l'allergie

khohlola

la toux

xifumbu

la fièvre

mukhuhlwana

la grippe

nchuluko

la diarrhée

ku pandza ka nhloko

le mal de tête

khensa

le cancer

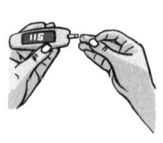

chukela

le diabète

dokodela

le chirurgien

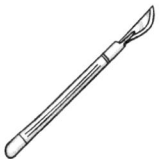

mukwana

le scalpel

vuhandzuri

l'opération

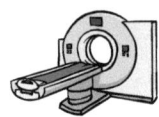

CT
....
le CT

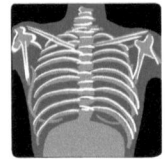

x-rheyi
....
la radiographie

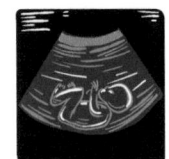

muchini wo yingisela
ntshuka-ntshuko
....
l'échographie

xo tipfala tinhomfu
....
le masque

vuvabyi
....
la maladie

kamara ro rindza
....
la salle d'attente

nhonga
....
la béquille

semendhe
....
le pansement

bandhichi
....
le pansement

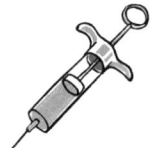

neleta
....
l'injection

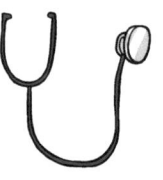

muchini wa madokodela wa
ku yingisa
....
le stéthoscope

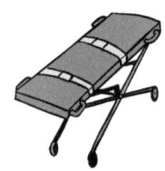

rihlaka
....
le brancard

xipima-mahiselo
....
le thermomètre

ku veleka
....
l'accouchement

ku nyuhela
....
la surcharge pondérale

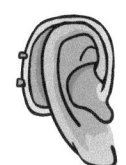

swipfuneta-ku-twa

l'appareil auditif

khemikhale yo dlaya
switsongwatsongwana

le désinfectant

switsongwatsongwana

l'infection

xitsongwatsongwana

le virus

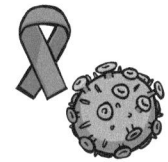

HIV / AIDS

le VIH / le sida

miri

le médicament

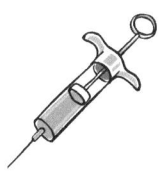

nayiti

la vaccination

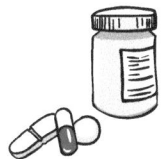

maphilisi

les comprimés

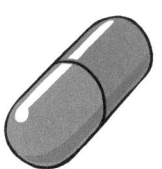

pilisi

la pilule

riqingho ra xihatla

l'appel d'urgence

muchini wo kamba
nsusumeto wa ngati

le tensiomètre

vabya / hanya

malade / sain

Pfunani!
Au secours !

bele
l'alarme

ku hlaseriwa
l'assaut

hlasela
l'attaque

khombo
le danger

nyangwa wo huma loko ku ri ni mhango
la sortie de secours

Ndzilo!
Au feu!

xo tima ndzilo
l'extincteur

mhangu
l'accident

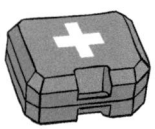
bokisi ra xilamulela-mhango

la trousse de premier secours

SOS
SOS

phorisa
la police

Yuropa

l'Europe

Amerika N'walungu

l'Amérique du Nord

Amerika Dzonga

l'Amérique du Sud

Afrika

l'Afrique

Asia

l'Asie

Australia

l'Australie

Atlantic

l'Océan atlantique

Pacific

l'Océan pacifique

Lwandle-nkulu ra Indiya

l'Océan indien

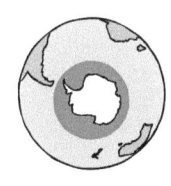

_wandle-nkulu ra Antarctic

l'Océan antarctique

Lwandle-nkulu ra Arctic

l'Océan arctique

North Pole

le Pôle nord

South Pole
le Pôle sud

Antarctica
l'Antarctique

Misava
la terre

tiko
le pays

lwandle
la mer

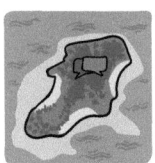

xihlala
l'île

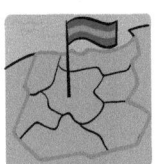

rixaka
la nation

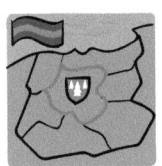

tiko
l'état

xikomba nkarhi

le cadran

xikomba-tiawara

l'aiguille des heures

xikomba-timineti

l'aiguille des minutes

xikomba-tisekoni

l'aiguille des secondes

I nkarhi muni?

Quelle heure est-il ?

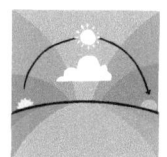

siku

le jour

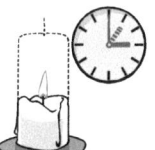

nkarhi

le temps

sweswi

maintenant

wachi leyi tshavatelaka

la montre digitale

minete

la minute

awara

l'heure

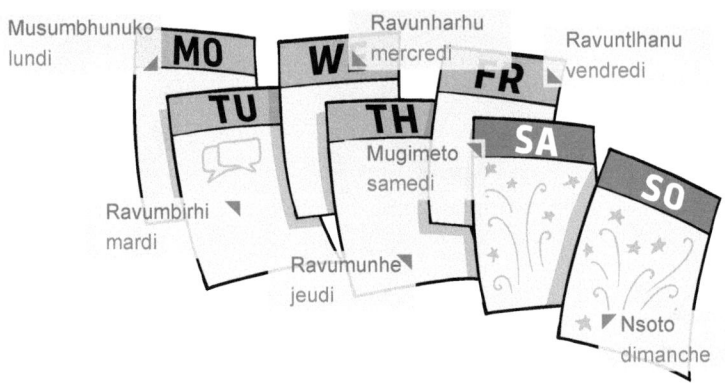

Musumbhunuko
lundi

Ravunharhu
mercredi

Ravuntlhanu
vendredi

Ravumbirhi
mardi

Mugimeto
samedi

Ravumunhe
jeudi

Nsoto
dimanche

tolo

hier

namuntlha

aujourd'hui

mundzuku

demain

mixo

le matin

nhlekani

le midi

madyambu

le soir

MO	TU	WE	TH	FR	SA	SU
1	2	3	4	5	6	7
8	9	10	11	12	13	14
15	16	17	18	19	20	21
22	23	24	25	26	27	28
29	30	31	1	2	3	4

masiku ya ntirho

les jours ouvrables

MO	TU	WE	TH	FR	SA	SU
1	2	3	4	5	6	7
8	9	10	11	12	13	14
15	16	17	18	19	20	21
22	23	24	25	26	27	28
29	30	31	1	2	3	4

mahelo vhiki

le week-end

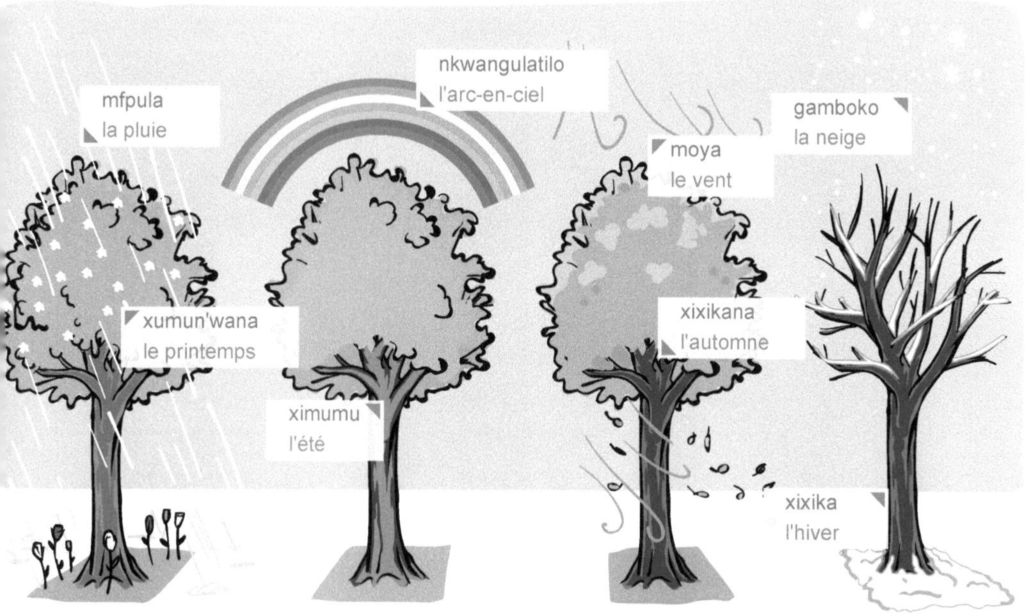

mfpula
la pluie

nkwangulatilo
l'arc-en-ciel

moya
le vent

gamboko
la neige

xumun'wana
le printemps

xixikana
l'automne

ximumu
l'été

xixika
l'hiver

4.APRIL	11°	☀
5.APRIL	4°	
6.APRIL	13°	
7.APRIL	8°	❄
8.APRIL	10°	☀

vumbha tamaxelo
....
la météo

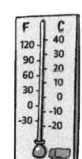

xipima-mahiselo
....
le thermomètre

dyambu
....
la lumière du soleil

papa
....
le nuage

hunguva
....
le brouillard

kutsakama
....
l'humidité

rihati

la foudre

dzindza-tilo

la tonnerre

xidzedze

la tempête

xihangu

la grêle

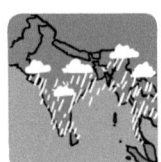

mpfula

la mousson

ndhambi

l'inondation

ayisi

la glace

Sunguti

janvier

Nyenyenyana

février

Nyenyankulu

mars

Dzivamusoko

avril

Mudyaxihi

mai

Khotavuxika

juin

Mawuwani

juillet

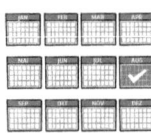

Mhawuri

août

lembe - l'année

Ndzhati
....
septembre

Nhlangula
....
octobre

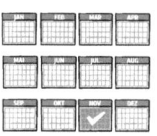

Hukuri
....
novembre

N'wendzamhala
....
décembre

swivumbeko

les formes

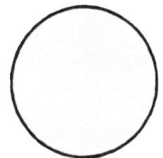

xirendzevutana
....
le cercle

xikwere
....
le carré

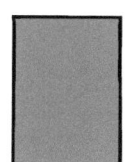

matlhelo ya mune
....
le rectangle

xivunguvungu xa tintlha
tinharhu
....
le triangle

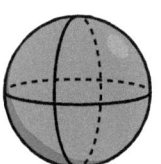

bolo
....
la sphère

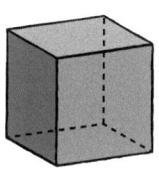

cube
....
le cube

basa

blanc

xitshopana

jaune

lamula

orange

tshwukanyana

rose

tshwuka

rouge

xigunguvungu

violet

wasi

bleu

rihlaza

vert

buraweni

marron

mpunga

gris

ntima

noir

swo tala / swi tsongo

beaucoup / peu

hlundzukile / rhurile

fâché / calme

sasekile / bihile

joli / laid

masungulo / makumo

le début / la fin

kulu / tsongo

grand / petit

vangama / munyama

clair / obscure

buti / sesi

frère / soeur

basile / chakile

propre / sale

helerile / helelangiki

complet / incomplet

siku / vusiku

le jour / la nuit

file / hanyaka

mort / vivant

pfulekile / pfalekile

large / étroit

swa dyiwa / a swi dyiwi

comestible / incomestible

homboloka / lunghile

méchant / gentil

tsakile / phirekile

excité / ennuyé

nyuhela / lala

gros / mince

masungulo / makumo

le premier / le dernier

mungana / nala

l'ami / l'ennemi

tele / hava

plein / vide

tiyile / olova

dur / souple

tika / vevuka

lourd / léger

ndlala / torha

faim / soif

vabya / hanya

malade / sain

swi ngariki enawini / enawini

illégal / légal

tlharihile / xiphukuphuku

intelligent / stupide

ximati / xinene

gauche / droite

akusuhi / kule

proche / loin

yintshwa / tirhisiwile
....
nouveau / usé

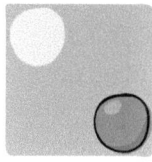

hava / xin'wana
....
rien / quelque chose

dyuharile / muntshwa
....
vieux / jeune

xarirha / xitimile
....
marche / arrêt

pfurile / pfariwile
....
ouvert / fermé

myerile / huwa
....
faible / fort

fuwile / xisiwana
....
riche / pauvre

swinene / bihile
....
correct / incorrect

khwasha / reta
....
rugueux / lisse

vaviseka / tsaka
....
triste / heureux

koma / leha
....
court / long

hlwela / hatlisa
....
lent / rapide

tsakama / oma
....
mouillé / sec

kufumela / titimela
....
chaud / froid

nyimpi / kurhula
....
la guerre / la paix

les nombres

0

noto

zéro

1

n'we

un / une

2

mbirhi

deux

3

nharhu

trois

4

mune

quatre

5

ntlhanu

cinq

6

ntsevu

six

7

nkombo

sept

8

nhungu

huit

9

nkaye

neuf

10

khume

dix

11

khume n'we

onze

12

khume mbirhi

douze

13

khume nharhu

treize

14

khume mune

quatorze

15

khume ntlhanu

quinze

16

khume ntsevu

seize

17

khumbe nkombo

dix-sept

18

khume nhungu

dix-huit

19

khume nkaye

dix-neuf

20

makhume mambirhi

vingt

100

dzana

cent

1.000

gidi

mille

1.000.000

gidi ya magidi

le million

Xinghezi

l'anglais

Xinghezi xa Amerika

l'anglais américain

Xichayina xa Mandarin

le chinois mandarin

Xihindi

le hindi

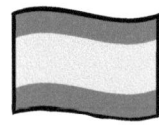

Xipaniya

l'espagnol

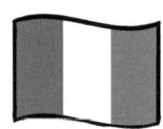

Xifurwa

le français

Xiarabu

l'arabe

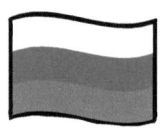

Xirhaxiya

le russe

Xiputukezi

le portugais

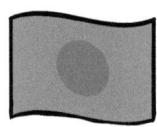

Xibengali

le bengali

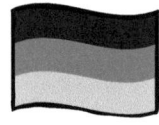

Xijarimani

l'allemand

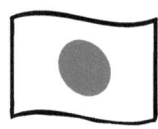

Xijapani

le japonais

mina

je

wena

tu

yena / yena / xona

il / elle / ce, c', cela

hina

nous

n'wina

vous

vona

ils / elles

mani?

Qui ?

yini?

Quoi ?

njhani?

Comment ?

kwihi?

Où ?

rhini?

Quand ?

vito

le nom

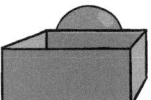

endzaku

derrière

ahehla

dans

emahlweni a

devant

ahenhla ka

au-dessus

eka

sur

ehansi

en-dessous

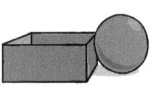

handle ka

à côté de

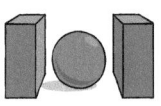

exikarhi ka

entre

ndhawu

le lieu